Kohlhepp/Vorwerk

HOTZENWALD · WIESENTAL · HOCHRHEIN

Dieter Kohlhepp
Horst Friedrich Vorwerk

HOTZENWALD WIESENTAL HOCHRHEIN

Verlag
Rombach
Freiburg

Auf dem Umschlag:
Wolkentreiben über dem
Gersbacher Hörnle

Herstellung: Rombach GmbH Druck- und Verlagshaus,
Freiburg im Breisgau
Gestaltung: Andreas Schleer
Umschlagentwurf: Barbara Wiesinger
Printed in Germany
ISBN 3-7930-0515-1

Inhalt

Übersetzung der Hebelschen Kapitel-Überschriften

- Wo der Dengele-Geist
- Die Gänslein von Todtnau
- An Utzenfeld vorbei
- Bei der schönen Buche
- Dort vorne bei Schönau
- Die Mambacher Zicklein
- Aus dem Zeller Tal
- In den Hausener Wiesen
- Ins Schopfheimer Kirchspiel
- Siehst du dort das Röttler Schloß
- Es kommen Lörracher Pferde

Belchenblick (bei Rohrberg)

Erste Station zum Himmel

Es ist schon ungewöhnlich, den Aufstieg zum Feldberg auf dem Gipfel des Belchen zu beginnen – doch gibt es für eine solche Wanderung auf den höchsten Berg des Schwarzwaldes einen prächtigeren Ausgangspunkt als den zweithöchsten?
Schon die Anfahrt durch das Münstertal: Die Granitkuppe des »Stiernackigen« setzt sich scharf umrissen vor dem lichten Himmel ab und beherrscht die Szene. Bei einem solchen Anblick wird verständlich, daß Johann Peter Hebel seine Bewunderung für den Berg in immer wieder neuen Bezeichnungen ausdrückte: der Gewaltige, der Große, Niebewegte, Äthervertraute, Wolkenspendende, Weitgesehene.
Er wird mit seiner weißen, weitleuchtenden Firnfeld-Kuppe schon in frühen Zeiten die Menschen beeindruckt haben, die in der weiten Ebene des eisfreien Rheintales Bison, Mammut, Nashorn oder Hirsch jagten; von ihren Höhlen in der Vorbergzone, in denen sie Schutz suchten, muß er ihnen mit seinem blendenden Gipfel wie gestaltgewordenes Licht, das in eine andere Welt weist, erschienen sein. So wird auch sein Name, keltischen Ursprunges, verständlich: der »Leuchtende« – vielleicht eine Verbindung zum gallorömischen Apollo »Belenus« oder »Mars Belada«, dem Sonnengott!
Daß der Belchengipfel jedoch Kultstätte keltischer Gottheiten gewesen sei, bleibt bis heute unbewiesen. Beweise fehlen auch für die manchmal aufgestellte Behauptung, der Belchen sei –

△
Am Belchen

▷
Belchen, 1414 m – schönster Berg im Schwarzwald

ebenso wie seine gleichnamigen Brüder im Elsaß (Ballon d'Alsace, Grand Ballon, Petit Ballon) und im Schweizer Jura – für keltische Druiden Fixpunkt in einem vermessungs-technischen System gewesen. Die vom Belchen ausgehende Bezauberung, die Verbindungen von der Erde in eine andere Welt aufkommen läßt, erfaßte auch Hebel, als er die Frage stellte: »Ist es wahr, daß die erste Station von der Erde zum Himmel auf dem Belchen ist?«

Wer heute auf dem Gipfel des Belchen steht, wird sich dem zu überirdischen Gedankengängen zwingenden Reiz, der früher die Menschen befiel, auch nicht entziehen können. Zwar ist der Berg von hier aus in seiner Schönheit nicht wahrzunehmen, doch die prächtige Rundsicht beeindruckt durch ihre Einmaligkeit. Silbern schimmern der junge Rheinstrom mit seinem Seitenkanal, an ihnen sind die großen, grauen Städte angehäuft, dazwischengestreut die kleinen Häuserflecken der Dörfer. Gegenüber, weißleuchtend, die gezackten Ketten der Schweizer Alpengipfel bis zum französischen Montblanc. Das Szenarium der Berge ist seit Jahrtausenden unverändert, während die Rheinlandschaft langsam, doch stetig, ihr Aussehen gewandelt hat.

Es begann mit dem Einbruch des Oberrheingrabens, der Schwarzwald und Vogesen trennte, setzte sich fort mit der sich bildenden ausgedehnten Wasserfläche, die schließlich wieder schwand und Raum für Siedlungen und Dörfer, später für Städte bot. Der Lauf des Stromes änderte sich, wurde in ein festes Bett gezwungen und mußte sich dem Menschen unterordnen, konnte nicht mehr, je nach Jahreszeit oder Wasseraufkommen, über die Ufer treten und weite Landstriche überfluten. Auf dem Gipfel konzentriert sich der Blick auf das Allgemeine, verliert sich die Kenntnis des Einzelnen: das spielzeugkleine Münstertal mit Kirche, Kloster und den alten Schwarzwaldhäusern läßt Menschen nur noch ahnen. Schicksale und ihre Spuren bleiben erdnah. Bis hier oben drangen die Ereignisse nicht vor, die das Tal und sein Leben prägten, nachdem sich vor mehr als 200 Millionen Jahren der Graben bildete und die glutflüssigen Schmelzen der Erz- und Mineralgänge entstanden. Von hier oben gesehen war er nur ein kleiner Punkt, jener Mönch Fridolin, der von Irland herüberkam und mit Beten und Roden Menschen und Landschaft veränderte und den Grundstein für das erste rechtsrheinische Kloster legte. Auch der gewaltsame Tod des Trudpert, oder die Zerstörungen der Stadt Münster – 926 durch die Ungarn, 1341 durch die konkurrierende Stadt Freiburg – oder die Verwüstungen 1632 durch die Schweden wären von hier oben aus nicht wahrzunehmen und kaum mit den mächtigen erdgeschichtlichen Umwälzungen zu vergleichen gewesen.

Auf dem Belchengipfel, hinausgehoben über die Welt und ihren Alltag, kann leicht das Gefühl aufkommen, mit allmächtigen Fähigkeiten ausgestattet zu sein und mit dem Finger eines der Häuschen dort unten zurechtrücken oder den Lauf des Stromes verändern zu können.

Schließlich wendet sich der Blick von den fernen Gipfeln der Alpen, wo nach Hebel »Proteus thronte, der froh erfundene Gott des Nichtseins«, den näher gelegenen Bergen zu. Das nächste Ziel, der Feldberg, lockt. Es scheint, als genüge ein großer Schritt, um ihn zu erreichen, doch es werden viele tausend Schritte erforderlich sein, um über das Wiedener Eck, über Notschrei und Stübenwasen den höchsten Schwarzwaldberg zu erreichen.

Heidelbeeren –
Herbstlaub
und süße Beeren

▷
Schlingnatter –
für Menschen
völlig harmlos

▷▷
Drachenflieger am Belchen

◁
Sturmgepeitschte Bäumchen am Belchengipfel

▷
Reifgräser (oben)
Kleiner Wasserfall mit »Eismantel« im Sonnenstrahl (unten)

Vom höchsten Berg ins »schönste« Tal

Eine »Station zum Himmel« ist der Feldberg nicht, aber ein Paradies – ein Paradies für Wanderfreunde. In der näheren und weiteren Umgebung des »Naturpfades Feldberg« findet sich keine vergleichbare Vielfalt an Naturschönheiten und Fernsichten wie auf diesem Wanderweg. Die gesamte Strecke verläuft durch Naturschutzgebiet mit alpiner und subalpiner Flora, die im Sommer ihre größte Pracht entfaltet. Zu dieser Jahreszeit verhindert allerdings Dunst oft den Blick in die Alpen, manchmal sogar auf die nahegelegenen Berge. Ab September jedoch erlauben die klimatischen Verhältnisse wundervolle Ausblicke auf die Alpengipfel, die Vogesen, den Kandel, Belchen, Zeller Blauen, Schauinsland, in das St. Wilhelmer Tal oder in das Zastler Loch.

Wo der Dengelegaischt …

Fünf Täler umlagern die Füße des Berges, der nicht nur der höchste des Schwarzwaldes, sondern auch – von den Alpen abgesehen – Deutschlands ist. 1493 Meter erreicht der massive Riese. Die Täler wurden durch die Schleifwirkung des abziehenden Gletschereises u-förmig gebildet, wie an und auf dem Feldberg-Massiv noch viele Spuren der letzten Eiszeit zu entdekken sind. Erst sehr spät haben sich die gewaltigen Gletscher, die den mit einer Firnkappe bedeckten Berg umringten, zurückgebildet, das Seebecken soll »erst« vor 11 000 Jahren eisfrei geworden sein.

△
Auf der Suche nach gesunden Wildkräutern …

Der runde Feldsee bekam durch den Druck des Eises eine Tiefe von mehr als 42 Meter. In seinem Bereich blieben senkrechte Felswände, Endmoränen und mächtige Gesteinsbrocken als Zeugen der erdgeschichtlichen Abläufe zurück. Zusammen mit dem dunklen, klaren Wasser bieten sie dem Wanderer (nur zu Fuß kann der See erreicht werden) einen grandiosen Anblick.
Die Bekanntschaft mit dem Automobil ist dem Feldberg nicht erspart geblieben, und an manchen Wochenenden, wenn Skiläufer oder Ausflügler den »Höchsten« erobern, kriechen Blechlindwürmer über die Straße oder ruhen an ihren Rändern. Auf der anderen Seite kann nur mit Hilfe des Kraftfahrzeuges den Wanderern in der Zastler, St. Wilhelmer oder den anderen Hütten eine Bewirtung angeboten werden, und viele gehbehinderte oder alte Menschen müßten auf die erlebnisreiche Begegnung mit der reichen Vielfalt des Bergriesen verzichten, gäbe es die Autostraße nicht. Daß die Möglichkeiten, bequem auf den Feldberg zu gelangen, die Zahl der Besucher höher schnellen läßt, als dem Berg guttut, steht außer Zweifel. Abgestorbene Grasnarben, die Erosions-Schäden verursachen, sind die Folgen vieler von den Wegen abweichenden Exkursionen. So kommt es, daß einige Stellen mit Maschen- oder gar Stacheldraht abgezäunt werden mußten, da Hinweisschilder alleine keine Wirkung zu haben scheinen. Der Andrang der Menschen hat das Aussehen des Berges erheblich verändert. Zwar sind einige der schon im Hochmittelalter nachgewiesenen Jungvieh-Hochweiden noch in Betrieb oder werden in jüngster Zeit wieder beschickt, doch eine Reihe von ihnen mußten – ebenso wie die einst einsam gelegenen Viehhütten – Hotelbauten und Parkplätzen weichen. Überhaupt erfuhr der Feldberg eine rege Bautätigkeit, Fernsehturm, Radarschirme und sonstige Einrichtungen verunzieren seine Höhen; den Nutzen von Wetter- und Sendestationen mögen die Menschen unserer Zeit nicht in Zweifel ziehen, über das Errichten von Denkmälern auf dem Feldberg denken sie gewiß anders.
Der Straßenbau im Feldberg-Gebiet erlöste andererseits auch viele Gemeinden von ihrer Abgeschiedenheit. Etwa die »auf den im Hungerjahre 1844 erfolgten Notschrei der Gemeinden« verwirklichte Paßstraße Kirchzarten – Todtnau. Oder die 1885 dem Verkehr übergebene heutige B 317, die der Industrie des Wiesentales Auftrieb gab. Vor dem Bau der Feldbergstraße war der »alte Verbindungsweg« die einzige Möglichkeit, aus dem Raum St. Blasien ins Wiesental zu gelangen – eine Straße, die für das Kloster von außerordentlicher Bedeutung war, um die Besitzungen im obersten Talabschnitt der Wiese zu erreichen.
Am späten Nachmittag oder am Abend, je nach Jahreszeit, setzen sich die Autos der Ausflügler talwärts in Bewegung. Wie eine »Autoscheide« wirkt der Berg, wenn die einen dem Wiesental, die anderen Freiburg oder Neustadt zustreben. Ab und zu morsen die Bremslichter noch ihre roten Abschiedsbotschaften in die dämmerige Berglandschaft zurück. Die Menschen, die auf dem Berg bleiben, verlaufen sich in die Hotels, Hütten oder Herbergen. Es ist die Zeit, zu der sich tief unten im Fels der Dengelegeist daranmacht, die Esse anzulassen, um mit dem Schmieden goldener Sensen zu beginnen. Er, der Urbewohner des Feldberges, hat sich von all dem Ungewohnten und Aufdringlichen der Menschen nicht vertreiben lassen, genausowenig, wie der immer noch vorhandene Zauber später Stunden auf dem Berg. In solchen Augenblicken kann es passieren, daß dem über den dunklen Umrissen des Wiesentals Träumenden plötzlich eine Gestalt erscheint, die er leicht als den Dichter erkennen kann, der diese seine Heimat meisterhaft besungen hat. Er sieht nämlich etwa so aus, wie er aussehen muß – wie es Jakob Grimm einst von Johann Peter Hebel sagte: die hohe Stirn, die breiten Wangenknochen und das von Nepomuk Strixner erwähnte »vorzüglich ausgebildete Diebsorgan«. Hier, im Reich des Dengelegeistes, ließ Hebel sein Loblied auf die Wiese, des »Feldbergs liebliche Tochter«, beginnen. Hier wird sie geboren, doch noch nie haben menschliche Augen in den verborgenen Schoß der Erde geschaut, der das »lustige Maideli« hervorbringt. Nahe dem Hebelhof erblickt sie das Tageslicht, um sogleich ihren Lauf in das Tal zu beginnen, das ihren Namen trägt. Lärm aus der nahen Jugendherberge verscheucht die Träumereien, doch auf dem Weg nach Todtnau, mit der Wiese als Begleiterin, ist die Stimme des Dichters wieder zu vernehmen: »Hörsch, wie's Läubli ruuscht, un hörsch, wie d' Vögeli pfiife?« (Übersetzung: »Hörst du, wie die Blätter rauschen, und hörst du, wie die Vögel pfeifen?«)

Die Wiese oberhalb von Hausen

Im großen Wiesental

's Wuuli vo Todtnau

Todtnau – das ist eines jener Städtli, über die stundenlang erzählt und seitenweise geschrieben werden kann. Ein alter »Führer durch das Wiesental« aus der Zeit, als in Todtnau die Bürsten-Herstellung (»... der sich tausende Menschen der ganzen Umgebung widmen und dabei ihren Erwerb finden ...«), in hoher Blüte stand, informiert, daß im »Bären« (22 Betten, Gas, Bad, Wasser-Closet) für ein Bett »pro Tag von 1,3 Mark an« und für ein »kompl. Frühstück 70 Pfg.« zu zahlen waren. Ein Mittagessen kostete »von 1,3 Mark an«, ein Abendessen »von 1 Mark an«, und schließlich die vollständige Pension »von 3,5 Mark an«. Das ist Vergangenheit. Vergangenheit, wie die einst hier siedelnden Alamannen, wie die erste Erwähnung von »Toutenouua«, 1025, wie die Schreibweise »Tottunowe« oder »Dotnauw«, und Vergangenheit wie der Bergbau, einst Haupterwerbsquelle des Ortes und der Umgebung. Es wird behauptet, schon seit dem 12. Jahrhundert sei im Todtnauer Revier auf Erze gegraben worden; belegt ist aber erst durch eine Urkunde von 1247, daß die Gruben St. Blasien zinspflichtig waren. Um die 40 Schächte eines Silberbergwerkes und die Erinnerung an einen ausgedehnten Wirtschaftszweig blieben erhalten. Erhalten haben sich auch die Namen einiger Stollen, so »Zum Gauch«, des ergiebigsten Erzganges im Todtnauer Revier, so »Erbstollen« und »Radschert«, eines Radschachtes, durch den die Bergleute hinabgelassen wurden, auch er war ein wichtiges Zentrum der Bergbaukolonie im Todtnauer Raum. Vermutlich wurden die Förderanlagen durch Wasserkraft angetrieben, wozu das notwendige Wasser durch die »Radwuhr«, einem heute noch sichtbaren Kanal, aus dem hintersten Schweinebächle herangeleitet wurde. Das Erz wurde zum Teil auf Rückentragen von den Bergleuten fortgeschafft, so vom »Napf« nach Todtnauberg auf dem alten Weg mit Namen »Winkel«. Anfangs muß die Silberausbeute recht ergiebig gewesen sein, denn in Todtnau wurde eine Münzstätte eingerichtet.

Dem Silberreichtum verdankte Todtnau auch seine erste Kirche. Silbergruben-Besitzer beantragten 1283 beim Abt von St. Blasien, in dem der Pfarrei Schönau zugeordneten Ort eine Kapelle errichten zu dürfen. Wahrscheinlich wurde die daraufhin bewilligte Kirche auf dem heutigen Marktplatz erbaut. Schon fünf Jahre später erhielten »die gemeind und inwoner zuo Dotnauw im Schönauer tall an Ort und statt der hültzenen capellen oder kirchen, welche vorzeiten zuo Dotnauw auß unser verwilligung gebauwen worden ...« einen steinernen Bau, nachdem die Herren von Staufen in Todtnau eine eigene Pfarrei gegründet hatten. Nach den Herren von Staufen kamen die Grafen von Freiburg und hatten das Bergregal bis zum Übergang an Österreich, 1368, inne. Die Regalherren beliehen die »Froner«, Bergleute, die mit ihren Gesellen das Erz schürften und Anspruch auf einen bestimmten Teil der Ausbeute hatten. Die Verbindung nach Freiburg führte im Mittelalter über den Radschert.

Ursprünglich wurde der Bergbau nur von Kleinbetrieben ausgeübt. Die Schächte hatten geringe Tiefen und wurden von der Oberfläche aus betrieben. Mit der Zeit mußten sie jedoch tiefer angelegt werden, was einen höheren Kapitaleinsatz und damit das Ende der kleinen Betriebe bedeutete. In Todtnau, dem Zentrum der umliegenden Bergbaukolonien Todtnauberg, Brandenberg, Fahl, Muggenbrunn und Aftersteg bildete sich noch vor Mitte des 15. Jahrhunderts der Todtnauer Gewerkschaftsbau. Eine Gewerkschaft bestand aus vielen ungleichen Teilnehmern, die ihr »Gewerf« zahlten, aus dem die Investitionen finanziert wurden. Die Entwicklung führte schließlich zur Konzentration und zum Großbetrieb; die großen Gewerkschaften saugten die kleinen, kapitalarmen auf. Auch kamen »Abpachtungen« vor; so pachtete zum Beispiel die Todtnauer Gewerkschaft »Zur Bache« sämtliche Berge einer anderen mit Namen »Zur Gauche«.

Neben dem Aufgehen kleinerer Betriebe in größere wurden mit der Zeit auch Gruben wegen mangelnder Rentabilität stillgelegt, mit als erste die der Kolonien Brandenberg und Fahl. Vom 16. Jahrhundert an setzte ein rapider Niedergang des Bergbaues ein. Die Silbergruben waren so weit ausgebeutet worden, daß ihr Weiterbetrieb unrentabel geworden war. Im 17. Jahrhundert wurden die letzten geschlossen. Zwar versuchte die vorderösterreichische Regierung im 18. Jahrhundert noch einmal, einige Gruben abzubauen, doch die Zeit des Bergbaues im Todtnauer Revier war vorbei, und alle Versuche einer Neubelebung blieben erfolglos. Der Verlust ihrer Arbeitsplätze veranlaßte viele Bergleute, in andere Gegenden abzuwandern, in denen noch Gruben florierten. Auch die im 4. und 5. Jahrzehnt des 18. Jahrhunderts herrschende Teuerung bewirkte eine erhebliche Auswanderungswelle.

▷
Wiege des Skisports – Todtnau

Der grassierenden Teuerung im Schwarzwald war eine Reihe von Unglücksfällen vorausgegangen. Schon 1692 war ein Folgebau der ersten steinernen Kirche, gleichzeitig mit vielen Gebäuden der Stadt, niedergebrannt, und am 14. September 1775 wurde der barocke Turm der neu erstandenen Kirche mit 14 anderen Häusern eingeäschert. Maria Theresia versuchte, der negativen Wirtschaftsentwicklung entgegenzuwirken, förderte die Hausindustrie und erließ 1753 eine Steuerreform, um »die gottgefällige Gleichheit in Steuersachen« zu erreichen, doch die Bewohner des oberen Wiesentales trauten der kaiserlichen Maßnahme nicht richtig und versteckten ihr Vieh in einsamen Schluchten, um es der Schätzung zu entziehen. Positiv dagegen wurde von der Bevölkerung die Hausweberei und -spinnerei aufgenommen, sie verlief anfangs auch erfolgreich. 1765, Hebel war damals 5 Jahre alt, hatte die Regierung ein Spinn-Patent erlassen, das bestimmte, überall sei das Spinnen einzuführen, besonders für Jugendliche von 7 bis 15 Jahren. Die allgemeine Arbeitspflicht wurde dekretiert und die zuvor entschieden längere Arbeitszeit wurde auf den Zeitraum von morgens 4 Uhr bis abends 10 Uhr beschränkt (!). Damals hieß es, zwei Spinnräder würden zum »Heurathen« genügen, da sie leichten und reichlichen Verdienst gewährten.

Das obere Wiesental wurde Hauptsitz der Hausindustrie. Schweizer Fabrikanten ließen Rohmaterial verteilen, beschafften, falls erforderlich, die zum Weben nötigen Geräte und holten die produzierten Waren ab. Mit der Zeit bekam die Baumwollindustrie jedoch Absatzschwierigkeiten, und ihr Schwerpunkt verlagerte sich allmählich von der Todtnauer Gegend ins mittlere Wiesental nach Zell.

Als 1775 in Todtnau der Stadtbrand wütete, war Leodegar Thoma fast zwanzig Jahre alt, jener Müllerssohn, der Todtnau und seiner Umgebung zu einem neuen Erwerbszweig verhelfen sollte, der Bürstenmacherei. Zwar waren bis dahin von den Schneflern an langen Wintertagen und -abenden schon seit altersher die täglichen Bedarfsartikel aus Holz hergestellt worden, doch Thoma entdeckte *die* Marktlücke seiner Zeit: die im Breisgau lagernden österreichischen Truppen hatten einen großen Bedarf an Bürsten.

Rasch wuchs, von Thoma verbreitet, die neue Fabrikation in und um Todtnau, wobei es sowohl zwischen den Familienmitgliedern, als auch den einzelnen Familien zu Spezialisierung und Arbeitsteilung kam, indem Herrichten des Bürstenholzes, Binden und Einziehen der Borsten und weitere Tätigkeiten immer von denselben Personen oder Gruppen ausgeführt wurden. Dadurch bildeten sich Fertigkeiten aus, die im Hinblick auf Schnelligkeit der Herstellung und Umfang der Produktion der bisher üblichen Bürstenherstellung überlegen waren. Viele Familien entwickelten kleine Unternehmen mit besonderen Gewerbezweigen, wie Binderei, Hölzlemacherei, Borstensammeln und Vertrieb durch Hausierer.

1840 wird berichtet, daß die meisten Einwohner sich in ihren eigenen Häusern mit dem Herstellen von Bürsten beschäftigen und Verdienst und Auskommen haben. 17 Jahre später nahm der Industriezweig einen weiteren starken Aufschwung und nach nochmals 6 Jahren waren in und um Todtnau 600 Personen mit Hölzlemacherei, 1000 mit dem Einziehen der Borsten und 320 mit Hausieren, dem Absetzen der Waren, beschäftigt.

Damals hieß es in einem Bürstenbinderlied:

> En jeder, der will sufer si,
> der brucht mi Fabrikat.
> De Kaiser wie de Bettelmaa,
> e jeder muß si Bürschdle ha,
> das bringt en erscht in Schtaad.

Der Aufschwung des neuen Gewerbes förderte auch das Vordringen des Fabrikbetriebes. Zwar blieben noch lange Zeit viele Bürstenbinder selbständig und lieferten ihre Erzeugnisse an die Betriebe ab, doch viele schafften auch schon als Fabrikarbeiter. Bis 1948 stützte sich die Bürstenfabrikation noch auf Zulieferungen aus der Heimarbeit.

In Todtnauberg – im 19. Jahrhundert größtes Bürstenhändlerdorf Badens – erinnert heute ein geschnitzter Hausierer an das Gewerbe, das einst unzähligen Menschen in und um Todtnau Arbeit und Brot verschaffte. Der Niedergang der Bürstenherstellung trat ein, als an die Stelle von Holz und Borsten Produkte der Chemie- und Kunststoff-Industrie traten.

Wieder mußten die Menschen am Fuße des Felberges sich nach einer anderen Erwerbsquelle umsehen, ihre reizvolle Landschaft bot ihnen dazu die Grundlage. Bereits vor über 100 Jahren war zu lesen:

»Die reizende Lage Todtnaus zieht alljährlich die Touristenwelt in großen Scharen zum südwestlichen Fuße des Feldbergs, weil sie das schöne Tal mit seiner ozonreichen Luft, seine behaglichen Gasthäuser und seine ungemein günstige Lage ... zu schätzen weiß.«

Die Frische der Todtnauer Wasserfälle

Das Bewußtsein für die Schönheit der Landschaft mußte jedoch erst entwikkelt werden, eine noch ältere Beschreibung lautete:
»...in dieser wilden, traurigen Gegend, wo die Natur nur unwirtliche Granitblöcke übereinandertürmte und der kultivierte Boden nur Gras und Erdäpfel hervorbringt...« Von der gleichen Gegend heißt es später: »... das so schöne und ruhige Stückchen Erde mit seinen wasserreichen Bächen, saftigen Matten und schattigen Wäldern...«
Und über Todtnau: »Ein echtes Schwarzwälder Gebirgsstädtchen, dessen zahlreiche, freundliche Häuser mit blitzblanken Scheiben in die Bergwelt hinausgucken, liegt es umschlossen von den Höhen inmitten einer wechselvollen und imposanten Gebirgsgegend, in gesündester Lage, die den Ort zu einem sehr gesunden Sommer- und Winterkurort macht.«
»Tourismus« heißt die neue Erwerbsquelle. Seit 1974 wurde der Raum zwischen Feldberg, Herzogenhorn, Stübenwasen, Schauinsland und Hochkopf zum »Todtnauer Ferienland«. Dazu gehören die Luftkurorte Todtnau und Todtnauberg, der Erholungsort Aftersteg, die Ferienorte Muggenbrunn, Brandenberg-Fahl, Schlechtnau, Geschwend und Präg-Herrenschwand.
Ein Ferienland mit 250 Kilometern markierter Spazier- und Wanderwege, bis zu 97 Meter hohen Wasserfällen, 22 Skiliften – teilweise mit Flutlicht und einer Sesselbahn erschlossen, wie der Ferienprospekt stolz verkündet. Loipen, Schanzen, Weltcup-Pisten, ein wundervolles Skigebiet. So wurde aus »Toutenouua« das heutige Todtnau, Austragungsort nationaler und internationaler Meisterschaften und von FIS-Weltcup-Rennen. Schließlich hat der Ort Wintersporttradition: 1891 stiegen von hier aus einige Todtnauer auf Schneeschuhen ins Feldberggebiet und gründeten den ersten deutschen Skiclub.
1983: Erster Weltcup, 1987: Dritter Weltcup – ob das auf Dauer dem Ferienland guttut? Naturschützer befürchten, daß der Massensport angekurbelt wird und noch mehr Skiläufer, Autos und ihre Abgase die Natur belasten. Doch Todtnau, im strukturschwachen Gebiet, setzt voll auf den Fremdenverkehr, ganz besonders auf den winterlichen. Aus dem »Fahler Loch«, einst Auftriebsschneise für das Jungvieh aus Fahl zur Hochweide Grafenmatt ist ein Slalomhang geworden, mit drei Sprungschanzen und Skistadion. Manches alte Bauernhaus hat sich zur Fremdenpension gemausert.
Auch das alte Todtnauer Stadtbild des vorigen Jahrhunderts besteht nicht mehr. Am 19. Juli 1876 wütete abermals ein Stadtbrand, 149 Häuser und die damalige Kirche wurden zerstört. Die niedergebrannten Gebäude waren Anlaß, einen neuen Stadtplan mit rechteckigem Marktplatz und Straßenanlagen in Gitterform zu erstellen. Die Kirche wurde von ihrem angestammten Platz auf dem Markt neben dem Münzgebäude auf die beginnende Anhöhe verlegt. Von dort aus grüßt das stattliche Gotteshaus seit 1881 die vorbeiplätschernde Wiese und die vorüberfahrenden Menschen.
Die Kirche sehen die Autofahrer bestimmt, nach Hebels »Wuuli« werden sie lange – und meistens vergeblich – Ausschau halten, Gänse sind selten geworden in Todtnau.

▷ *Präg liegt in einem geologisch hochinteressanten Talkessel*

Z' Uzefeld vorbei

In seinem Gedicht „Die Wiese“ läßt Hebel des Feldbergs liebliche Tochter an dem kleinen Ort rasch vorbeiplätschern. Auch Wilhelm Zehnter, der sich an Hebels Gedicht anlehnte und eine hochdeutsche Fassung schuf, erwähnt den kleinen Ort nur kurz:

> »Sie rauscht an dem gewerbefleißigen Todtnau vorüber, berührt das Dorf Utzenfeld . . .«

Die Wiese scheint es den Dichtern angetan zu haben, auch Scheffel besingt sie:

> ». . . sie plaudert mir in rauher
> Alemann'scher Sprach' vom Feldberg.
> Von den mitternächt'gen Geistern,
> Von Bergblumen, von den großen Hauben . . .«

Und so sah der Franzose Fernand Gueymard 1882 in »Au pays du Kirschwasser« das Flüßchen:

> »Die Wiese, ruhig und schläfrig,
> enthüllt ungestört
> ihre grünlichen Wellen,
> versteckt sich unter einem Strauch,
> gleitet im Schatten eines Laubenganges,
> kommt wieder ans Tageslicht
> und öffnet halb ein Auge,
> um eine Kapelle, eine Schlucht,
> einen Felsen, einen Weiler
> zu erblicken.«

Zue de Schöne Buechen

Bevor Hebel »üüser Töchterli« nach Schönau hineinläßt, muß es in Schönenbuchen »e hailige Meß« anhören. In der Wallfahrtskapelle erzählt das große Wandgemälde vom Sieg Wiesentäler Bauern über die Armagnaken: »anno 1771 ist die taffel wider auff ein newes gemahlen worden . . .« von Joseph Zimmermann, »Mahler von St. Trudpert in Münsterthall«. Die Farben sind stark nachgedunkelt, so daß die dargestellten kriegerischen Ereignisse möglicherweise noch schauriger als früher erscheinen. Die kleinen Fenster an der Straßenseite der Kapelle lassen vermuten, daß schon beim Bau oder einem Umbau der Kapelle das große, auf Holz gemalte Bild vorhanden gewesen ist.

Der historische Hintergrund der Darstellung: Im Jahre 1444, zur Zeit der kleinen Landkriege, fielen Armagnaken, französische Söldner, in das Schönauer Tal ein. Die dortigen Bewohner hatten dreispitzige Eisen auf den schmalen Bergpfaden ausgelegt, die – gleich wie sie fielen – eine ihrer Spitzen immer nach oben reckten. Als die Pferde der Armagnaken darauf traten, scheuten sie und warfen ihre Reiter ab. Den Rest besorgten die Wiesentäler, indem sie Steine von den Felshalden gegen die Feinde herunterpoltern ließen, die in ihrer Verwirrung begannen, miteinander zu kämpfen und sich gegenseitig zu töten. Von ihrem Blute sollen die Wasser der Wiese von Schönau bis Kleinhüningen rot gefärbt gewesen sein.

Stufen führen in die Petrus-Kapelle hinab. Durch ein Fenster ist die nur wenige Meter weit, fast auf gleicher Höhe fließende Wiese zu erblicken, aus deren Flußbett ein Felsbrocken mit eigentümlicher Vertiefung stammt, der hier in den Boden eingelassen worden ist. An der Wand die Schrift »Du bist Petrus der Fels« weist auf den Apostelfürsten hin, den die Legende in diese Gegend kommen ließ:

»Petrus hat als Verkünder der christlichen Botschaft die Welt durchwandert und gelangte auch an das Ufer der Wiese. Bei der ›schönen Buche‹ ist er niedergekniet und hat gebetet, dabei ist in dem Stein der Abdruck seines Knies zurückgeblieben.«

Vielleicht hat die Legende 1808 die Kapelle vor dem Abriß bewahrt, denn das Obervogteiamt Schönau berichtete am 26. April jenes Jahres, daß der heilige Petrus »bei dem Pöbel« hohes Ansehen genieße und der Zustrom der Gläubigen eine wichtige Einnahmequelle für die Einwohner von Schönenbuchen sei. »Das Zutrauen auf die Wunderkräfte des heiligen Petrus (würde) den Verlust jener Kapelle der gemeinen Volksklasse sehr empfindlich machen . . .«

Am Plan, die Kapelle abzureißen, wurde weiterhin festgehalten, denn »nur auf solche Weise verliehrt sich nach und nach der Glaube an das elendeste Legendenmärchen, daß den armen Wallern das Geld aus dem Beutel windet, ohne ihnen Hilfe für Seel und Leib zu gewähren«.

Trotzdem blieb die Kapelle bis auf den heutigen Tag erhalten und erlebte mehrere Renovationen – ein Wunder des Heiligen?

Vornen an Schönau

Als Joseph Zimmermann das Bild für Schönenbuchen neu malte, waren erst 34 Jahre vergangen, seit in Schönau auf der Galgenhalde das letzte Todesurteil vollstreckt worden war. Unter der Linde, der Stätte des »Galg- und Landgerichts« war das Urteil – wie viele zuvor – gesprochen worden »am 18. Oktober 1737 im Beisein Jakob Beckert, Vogt und Landrichter Paul Wetzel, als peinlicher Ankläger, Sebastian Lais, Fürsprech des armen Sünders«. Heute weist eine Tafel am Baum vor der Kirche auf das Geschehen hin.
Gleich gegenüber stand einst die Amannei St. Blasiens, von wo aus das sanktbläsische Amt Schönau und die vogtfreie Fröhnd verwaltet wurden. 500 Jahre lang war hier der Haupt- und Gerichtsort der Talvogtei Schönau, der 31 Orte angehörten.
Wie in und um Todtnau – nur später – so wurde auch in der Schönauer Gegend auf Erz gegraben. Der abgelegene Ortsteil Schönenbuch verdankt sein Entstehen dem Oberflächenbergbau; die hier gelegenen Silbergruben hatte Kaiser Konrad II. dem Bischof von Basel geschenkt. Die wirtschafliche Entwicklung Schönaus, vom Bergbau bis zur Textil- und Bürstenindustrie, weist viele Parallelen zu Todtnau auf.

1923, im Ruhrkampf, wurde ein Sohn der Stadt von einem Kriegsgericht zum Tode verurteilt und standrechtlich erschossen. Auf dem Friedhof von Schönau wurde Leo Schlageter beigesetzt. Hinter der Friedhofsmauer fließt, vom Feldberg kommend, die Wiese vorbei, Tag und Nacht, seit Menschengedenken und noch länger. Ob die Schönauer beim Brand 1634, als der gesamte Ort, mit Ausnahme der Kirche, niederbrannte, Löschwasser aus dem Fluß holten? Oder 1677, als die Franzosen den oberen und im nächsten Jahr, als sie den restlichen Teil des Ortes abbrannten? Und das Flüßchen vom Feldberg plätscherte auch vorbei, als auf der Galgenhalde die Deliquenten hingerichtet wurden. Aus der Stille der Bergwelt kamen die Wasser herunter in den Lärm von Krieg und Brandschatzung, von Tod und Kampf – wie damals, als sie das Blut der französischen Söldner dem Rhein zuführten.

Schönau im Wiesental

's Mambacher Hätteli

Ungestüm drängt die Wiese weiter.

Hebel: »Jetz am Chastel verbei, un allewiil wyters und wyters . . .«.

Zehnter: ». . . die Häuser am Kastellberg, einer ehemals römischen Befestigung . . .«.

Gueymard: ». . . wie Kastell z. B., das an einem Berg zu kleben scheint und wie ein römisches Juwel vor uns steht.«

Die Hetze des Flüßchens sollte nicht davon abhalten, einen Abstecher von Schönau zum 800 Meter hohen Holzer Kreuz hinauf zu machen. Die herrliche Sicht auf das Belchengebiet, auf Schönenberg und Schönau belohnt die Entscheidung.
Auch auf dem Weg nach Holz wunderschöne Ausblicke: Zeller Blauen und Hohe Möhr.
Weiter auf der Wanderung: am Künabach eine alte verfallene Mühle und eine Klopfsäge mit Wasserradantrieb, die noch einzige vorhandene ihrer Art.
Die Wiese setzte einst eine große Zahl von Mahlmühlen in Bewegung, in denen die Bauern ihr Getreide – gegen Abgabe der »Multer«, einer bestimmten Menge Frucht – »vermahlen« lassen konnten. Das Betreiben von Mahlmühlen und die Beziehungen zwischen Bauern und Müllern waren genau festgelegt; seit dem 12. Jahrhundert bestand ein »Mühlregal«, aus dem sich der »Mühlenbann« und der »Mahlzwang« herleiteten.

Stauwehr bei Fröhnd

Eine stattliche Zahl von Sägemühlen reihte sich ebenfalls den Fluß entlang, wobei infolge des größeren Holzreichtums die meisten im oberen Tal zu finden waren.
Über Mambach zurück zur springlebendigen Begleiterin Wiese! Vergebens die Suche nach den von Hebel in Aussicht gestellten Ziegen und Schafen, und auch der zwischen den Büschen singende Hirtenknabe dürfte eher der Vergangenheit angehören!
Dem Alter nach könnte auch das Mambacher Kraftwerk schon Vergangenheit sein, doch es arbeitet noch immer; schon am 22. Dezember 1899 wurde der heute größte Stromproduzent des Wiesentales in Betrieb genommen. Damals galt das Werk als eine Meisterleistung der Bergbauingenieure, denn es erhält die 3400 Liter Wasser pro Sekunde für seine zwei Turbinen über einen 3,8 Kilometer langen Kanal, der durch festes Berggestein getrieben worden ist.
Ein Bericht über die mühseligen Arbeiten der italienischen Bergleute zwischen 1897 und 1899 vermerkt: »Die Bohrungen geschehen bis jetzt von Hand, doch steht die Anwendung von Bohrmaschinen in Aussicht.«
Anfangs funktionierte die Stromversorgung nur, wenn die Wiese ausreichende Wassermengen zur Verfügung stellte; bei Ausfällen wurde auf zwei Dampfmaschinen zurückgegriffen. Auch heute noch läßt der Fluß die Turbinen manchmal auf dem Trockenen sitzen, doch wird dann zu anderen Kraftwerken umgeschaltet.
Die entnommene »Mindestwassermenge« vermag im Sommer das Flußbett

Malerisch gelegen: Die Kapelle von Pfaffenberg

streckenweise trockenzulegen, so bei Mambach auf einem Abschnitt von vier Kilometern – eine große Gefahr für den Fischbestand, den Grundwasserspiegel und die Uferbepflanzung.
Der Energiespender Wiese treibt auf seinem 45 Kilometer langen Weg zwischen Todtnau und Weil am Rhein 23 Kraftwerke an und muß dabei über 36 Stauwehre hinweg.
In den Wiesen rechts und links des Flusses bei Mambach sah Hebel »Bluemen an Bluemen«, der blütenreiche Sommerteppich ist auch heute noch vorhanden; Lupinen und Wiesenbocksbart fassen die Wege ein. Ob das Mädchen Konstanze Weber, die in Zell geborene spätere Frau Mozarts, hier wohl Blumenkränze geflochten hat?
Wie die meisten der gleichnamigen Orte ging auch Zell im Wiesental aus einer Niederlassung von Mönchen hervor, die sich etwa um das Jahr 1000 hier niedergelassen hatten. Der Ort entwickelte sich zur stifts-säckingischen Talvogtei, die zunächst von Dienstmannen des Säckinger Klosters, später von verschiedenen Herren verwaltet wurde. In kriegerische Auseinandersetzungen geriet Zell 1446 als vorderösterreichischer Ort mit den Baslern und 1634 mit den Schweden.
1818 vernichtete eine Feuersbrunst 64 Häuser des damals seit 8 Jahren mit Stadtrechten ausgestatteten Ortes.
Nur 6 Kilometer lang ist der Weg von der Wiesenbrücke in Zell bis auf die Hohe Möhr mit ihren 985 Metern. Bei günstiger Witterung ist vom 30 Meter hohen Turm der Blick bis zum Montblanc möglich.

Uus em Zeller Tal

Was kümmern den Fluß, was kümmern Wind und Regen die von Menschen gezogenen Grenzen! Ungehemmt setzt sich die Natur über die künstlichen Gebilde hinweg, die oft nicht einmal sichtbar sind und nur in der menschlichen Vorstellung zu existieren scheinen, manchmal jedoch – um ihnen mehr Gewicht zu verleihen – von den Menschen den alten Gegebenheiten der Natur angepaßt worden sind. Die Wiese läßt sich durch Abgrenzung des Breisgaues vom Markgräflerland in ihrem Lauf nicht beeinflussen, ihren »Grenzübertritt« schilderte Wilhelm Zehntner so: »Nun tritt sie in baden-durchlachisches, mithin protestantisches Gebiet und wechselt so als ursprünglich katholische Untertanin österreichischen Hoheitsgebietes den Glauben.« – » . . . un schangschiersch der Glauben un würsch e lutherische Chetzer!«, hatte Hebel schon früher gedichtet. Lutherische Ketzer – die Österreicher wußten sie fernzuhalten oder zu vertreiben. In Zell, an der Nahtstelle zwischen Vorderösterreich und dem Land der Markgrafen, hatten reformatorische Bestrebungen keine Chance. Erst 1833 kam ein Webmeister in den Ort, er ist als der erste ansässige Evangelische zu betrachten. Dabei wäre angeblich »das ganze Tal aus Abneigung gegen St. Blasien zur neuen Lehre übergegangen«, hätte die österreichische Regierung weniger hart durchgegriffen.
Am 31. Oktober 1517 hatte der Augustinermönch in Wittenberg seine 95 Thesen an die Schloßkirche geheftet, doch es dauerte fast noch vier Jahrzehnte, bis die Reformation vom Markgräflerland angenommen wurde.
In Rheinfelden, Neuenburg und Waldshut – ganz besonders aber in Basel, zu dem die Markgräfler rege Beziehungen unterhielten, wurde die neue Lehre zwar schon früh verkündet, doch dann bewegten plötzlich andere Ereignisse die Menschen: Die Bauern erhoben sich gegen die verhaßten Herren und Prälaten. Freiburg mußte sich ergeben, Breisach wurde belagert. Zwischen den Markgräflern und ihrem Herrn in Sulzburg kam ein Friede mit Erleichterungen für die Bauern zustande, während die Aufständischen im Österreichischen verbrannt oder gevierteilt wurden.
Obwohl Markgraf Ernst der neuen Lehre wohlwollend gegenüberstand, konnte er sich nicht zur Einführung in seinem Land entschließen. Politische, letzten Endes jedoch mehr persönliche Gründe waren dafür mitentscheidend: Ansprüche Österreichs auf Rötteln und Schopfheim ließen es Ernst geraten erscheinen, sich den ihn argwöhnisch beobachtenden Österreichern gegenüber bedeckt zu zeigen. Er beschränkte sich darauf, gegen den unsittlichen Lebenswandel geistlicher Personen anzugehen und ließ in diesem Zusammenhang das Benediktinerinnen-Kloster Sulzburg schließen und den Propst von Bürgeln, sowie die sanktbläsischen Pfarrer von Brombach und Blansingen für einige Zeit in den Turm von Rötteln sperren.
Erst nach dem Tode des Markgrafen Ernst und der beim Augsburger Religionsfrieden getroffenen Entscheidung, nicht das Reich, sondern der Landesherr solle in kirchlichen Dingen entscheiden (Wer die Herrschaft ausübt, bestimmt die Religion!), führte Markgraf Karl II., der Sohn von Ernst, am 1. Juni 1556 die Reformation mit Ver-

kündigung der neuen Kirchenordnung im Markgräflerland ein, nachdem jede Gemeinde einzeln befragt worden war. Daß nicht alle Gemeindemitglieder mit der ihnen markgräflich verordneten Religion einverstanden waren, ist begreiflich. Es wird berichtet, daß sich die Frau des röttelichen Landschreibers mit der neuen Konfession schwertat, daß der Vogt von Obereggenen, der mit seiner Familie der alten Kirche treu blieb, in den Turm von Rötteln kam, daß Vogt und Honoratioren von Sitzenkirch an Sonn- und Feiertagen weiterhin zu den bläsischen Pröpsten nach Bürgeln hinaufgingen, daß die Zunzinger ihre Heiligenfiguren auf dem Speicher versteckten, und die Britzinger noch etliche Jahre ihre Verbindung zur katholischen Johanniter-Herrschaft in Heitersheim nicht aufgeben wollten. Die Gersbacher schließlich wurden von den Kirchenvisitatoren gerügt, weil sie weiterhin Heiligenbilder verehrten und an katholischen Wallfahrten teilnahmen.

Die neu eingesetzten Pfarrer hatten es in der ersten Zeit nicht leicht; einige von ihnen wohnten in Basel und mußten zur Betreuung ihrer Pfarrkinder mit dem Karren oder zu Pferd in die Markgrafschaft herüberkommen. Daß jene Männer nicht die todernsten Weltverächter waren, als die sie manchmal hingestellt werden, mag folgende kleine Geschichte belegen:

Als einmal ein Pfarrer aus der hinteren Talschaft zu Roß dem Bürgermeister begegnete, fragte ihn der, ob der geistliche Herr die Lehre seines Meisters mißverstanden habe, da Jesus doch nur auf einem Esel geritten sei, er jedoch auf einem Pferd daherkomme. Schlagfertig soll darauf der Pfarrer geantwortet haben, daß keine Esel mehr zur Verfügung ständen, seit daraus Bürgermeister gemacht würden.

Zell i. W.
in bunten Herbstfarben

Mögen Grenzen und unterschiedliche Konfessionen für ein Flüßchen keinen Einfluß haben, für Kultur, Mundart oder Kleidung sind sie von prägender Wirkung. Am augenfälligsten kommen die äußerlichen Unterschiede in den Trachten zum Vorschein, farbenfreudig im Breisgau, dunkel gehalten im Markgräflerland.

Hebel kleidet die Wiese gleich nach ihrem staatlichen und konfessionellen Übertritt in die Tracht der Markgräflerin, wobei er liebevoll jedes einzelne Kleidungsstück beschreibt: »Halt mer e wenig still, i will di je lutherisch chlaide.«

In d' Huusemer Matte

Daß er einmal in hunderttausenden Wohnungen Deutschlands und der angrenzenden Länder zur selben Zeit gegenwärtig sein würde – konnte sich der Bub, der zwischen 1766 und 1773 die Matten und Wälder bei Hausen durchstreifte, selbst in seinen kühnsten Träumen nicht vorstellen. Ostern 1987 war es soweit: Hebels Kopf, vom Lorbeerkranz geziert, flimmerte über die Fernsehschirme der Zuschauer des Zweiten Deutschen Fernsehens und zwei Tage später noch einmal aus dem Kanal des 1. Programmes. Nicht nur das Denkmal Hebels in Hausen wurde gezeigt, sondern auch sein Elternhaus. Von außen in der Gesamtansicht und viele Details im Innern des jetzt als Heimat-Museum genutzten Gebäudes. So auch der Kachelofen mit Ofenbank – einziges bekanntes Original aus dem Hebelhaus, das schon während der Kindheit des Dichters vorhanden gewesen ist.

Der »Huusemer Chnaabe« konnte jedoch nicht nur herumtollen oder an der vorüberfließenden Wiese spielen, im Eisenwerk, das der Markgraf in den 80er Jahren des 17. Jahrhunderts einrichten ließ, verdiente er mit Steineklopfen gelegentlich einige Kreuzer für sich und seine verwitwete Mutter.

Was war das für eine Zeit, als Hebel in Hausen seine Kindheit erlebte? Einige An- und Verordnungen mögen das deutlich machen:

1749 hatte der Landvogt Wallbrunn verordnet, daß es keinem in der Gemeinde erlaubt sein sollte, an Sonn- oder Feiertagen oder Bettagen vor der Predigt eigenem Gefallen gemäß weder selbst über Feld zu laufen, noch seine Kinder und Gesinde auszuschicken.

Bis 1806 war der sonntägliche Kirchgang Pflicht; die beiden »Kirchenrüger« mußten dem Gottesdienst Ferngebliebene namentlich feststellen und dem Pfarrer anzeigen. Vom 22. Januar 1791 stammt folgende Anordnung des Oberamtes Rötteln: »Wohlerwürdiger Pfarrer und geliebte Vorgesetzte! Johannes Hassler von Fahrnau und Kunigunde von Hausen, welche miteinander

Unzucht getrieben haben, haben sich vor einiger Zeit die Ehe versprochen.«

Schon damals – und daran hat sich wenig geändert – grenzte man sich von seinem Nachbarn ab und fühlte sich ihm überlegen, wovon der folgende Vers Zeugnis ablegt:

> Schopfe isch ne schöni Stadt,
> Fahrnau isch de Bettelsack,
> Huse isch de Lürechüebel,
> Raitbach isch de Deckel drüber.

Fast genau drei Jahre vor seinem Tode hat sich der Prälat noch immer in seine Bubenheimat zurückgewünscht und wollte »ein Häuslein neben dem Jobbek Friderli bauen und alle Wochen einmal mit meinen Schimmeln ... nach Weil fahren ...«

Im Winter dann – wie in der Kindheit – in die Schweiz. Er schwärmt: »Im Winter wohnte ich in Basel, an dem Santehans ... Ich bin bekanntlich in Basel daheim, vor dem Santehansemer Schwiebbogen das zweite Haus (hier wurde Hebel am 10. Mai 1760 geboren; damals Santehans ›St. Johanniskirche‹ ni fallor n. 14, heute ›Haus Totentanz‹ Nr. 2). Selbiges Häuslein kauf ich alsdann um ein paar Gulden – aber ich bin kein Burger! – also miete ich es, und gehe alle Morgen, wie es alten Leuten geziemt, in die Kirchen ...«

Pläne, Pläne – die Sehnsucht zur südlichen Heimat hat immer wieder neue entstehen lassen, alle haben sie gemeinsam, daß sie nie verwirklicht worden sind.

Das Hausener Eisenwerk hatte trotz der umliegenden ausgedehnten Waldungen ununterbrochen Probleme mit der Holzbeschaffung. Die fünf Frischfeuer und mehrere Kleinhämmer verbrauchten Holz in großen Mengen. Aber auch der Bergbau, die Glas- und Erzhütten, sowie die industrielle Holzverwertung waren auf den Rohstoff angewiesen. Auf Grund der von den Waldleuten allzu ausgiebig ausgenutzten »Holzfreiheit« entstanden Kahlschläge, deren Spuren zum Teil heute noch zu sehen sind.

Die Stöckleschneider, Spähn-, Rechen- und Gabelmacher würden zu viel Holz verbrauchen, so wurde geklagt, aber auch »die Schmiede, Färber, Krummholzer, Hutmacher und Becker« würden »das erforderliche Holz aus dem Walde holen und einige Bürger tragen keine Scheu ... Kohl zu brennen und solches sowie auch Dielenbäume und andere Holzwaren sowohl bei tag als nächtlicherweise außer landes zu verführen und den auswärtigen zu verkaufen«.

»So wird doch selten oder gar kein Stamm gefunden, welcher nicht von den Harzern oder Schindelmachern angehauen wäre«. Auch die Schnefler bedienten sich im Walde; die Zinspflichtigen hatten sogar von St. Blasien die Auflage, einen Teil der Lehenszinsen in Form von Holzwaren abzuliefern.
Die Abtei war durch ihre ausgedehnten Waldungen und den großen Holzbedarf der zahlreichen Hütten im Wiesental zu einer stattlichen Zahl von Hütten, Poch- und Schmelzmühlen gekommen, die neben und unabhängig von den Gruben existierten. Das benötigte Brennmaterial verhalf vielen Köhlern und Holzknechten zu Arbeit.
Der Holzbedarf nahm mit der Zeit ein so großes Ausmaß an, daß sich St. Blasien und der Markgraf gezwungen sahen, die Rechte der Waldgenossen einzuschränken.
Holz und Holzkohle waren im österreichischen hinteren Wiesental reichlich vorhanden, doch die Ausfuhr ins Markgräflerland war verboten. Die Grenze, an der engsten Stelle des Tales zwischen Zell und Hausen, bewachte ein Zöllner. Trotzdem gelang es den Schönauern, in einem Vierteljahr 92 zweiräderige Karren Holz und Holzwaren, und den Todtmoosern und ihr benachbarten Vogteien, 400 Fuder »Kohl außer Landes zu verführen«.
Der hohe Bedarf an Holz – nicht nur im Tal, sondern auch in Basel – ließ die Grundherren von Zell auf den Gedanken kommen, sich für den Transport

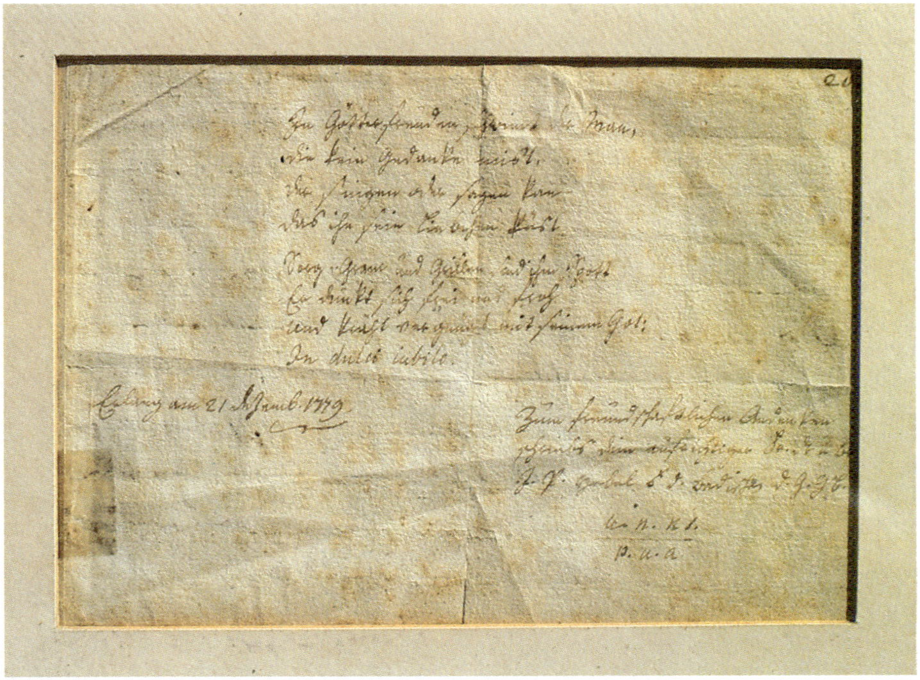

△
Hebel-Haus in Hausen

▷
Einzige Handschrift des alemannischen Dichters im Hausener Hebel-Haus!

◁
Porträt des Dichters

der Baumstämme des billigsten Mittels, des Wassers zu bedienen. So entwickelte sich in der zweiten Hälfte des 16. Jahrhunderts im oberen Wiesental die Flößerei. Auf einem eigens dafür angelegten Floßkanal wurden von oberhalb Hausen durch das Tal bis nach Basel große Mengen Holz hinabgeschafft. Das Ende der Flößerei kam in den 90er Jahren des 19. Jahrhunderts mit dem Bau der Eisenbahnlinien.

Ein alter, schon sehr früh erwähnter Transportweg durch das Wiesental war die »Schwarzwaldstraße«. Auf ihr zogen die Bauern nach Basel, um dort ihre Produkte abzusetzen, aber auch, um Notwendiges einzukaufen. Als sich Heim- und Fabrikarbeit ausdehnten, wurde der Transport Frachtfuhrleuten übergeben, von denen es 1829 einhundert gab. Sie brachten Baumwoll- und Holzwaren, Bürsten, Strohhüte, Zunder, Holz, Kohle und Eisen an die verschiedenen Wiesentalorte und in die Schweiz.

Am 15. November 1682 war im Werk Hausen die erste Massel gegossen worden, doch die Versorgung mit Holz und Erz war so unzureichend gewesen, daß der Betrieb zeitweise ruhen mußte, obwohl Eisenerz in der Gegend vorhanden war. Auch der Anschluß einer Gewehrfabrik verbesserte nicht die Ertragslage des Hausener Werkes, so daß es 1719 stillgelegt werden mußte. Etwa neun Jahre später wurde der Betrieb zwar wieder aufgenommen, doch aus Mangel an Kohle wurde die Produktion eingeschränkt. Dabei hatte das »Markgräfler Eisen« in der Schweiz und in Vorderösterreich einen guten Namen und entsprechend guten Absatz.

Einem neuen Pächter gelang es, durch Aufkäufe großer Mengen Holz aus

sanktblasischen Waldungen und Kohle-Einfuhren aus Vorderösterreich, den Fortbestand des Werkes zu sichern, die Produktion zu steigern und auch noch ein Stahlwerk einzurichten.
Schließlich waren die Eisenvorräte um Hausen jedoch so zusammengeschrumpft, daß Erz von Kandern herangeführt werden mußte. Hinzu kam, daß inzwischen statt Holz Steinkohle in anderen Gegenden bei der Verhüttung eingesetzt wurde; da wurde das hausener Verfahren, das ein sechs- bis achtfaches Gewicht an Holz für das gewonnene Eisen benötigte, völlig unrentabel.

Hebel hat das Ende des Eisenwerkes nicht mehr erlebt. Seine Büste gegenüber dem Elternhaus, die vielen Fernsehzuschauern zum erstenmal eine Vorstellung über das Aussehen des Dichters vermittelte, war noch 1860 im Werk gegossen worden; stolz verkündet ein Hinweis: »Der Schmelzer z' Huse hat en selber gmacht.«

Hinter Hausen öffnet sich das Wiesental weit nach Süden

◁
Gelber Fingerhut und leuchtender Waldgeißbart

Ins Schopfemer Chilspel

»Der Frühling geht über das Land«

Schopfheimer Kirchspiel, dazu gehört heute neben der katholischen und der alten St.-Michaels-Kirche auch die neue Stadtkirche. Vom Bau der Neuzeit konnte Hebel noch nicht berichten, denn als 1889 der Grundstein gelegt wurde, hatte er schon über 60 Jahre seine Ruhe gefunden.

Die Michaelskirche dagegen kannte er genau. Die 1768 angeschaffte Orgel lobt der Knabe: »Süeß dönt d' Menschenstimm wohl in der Schopfemer Orgle«, womit er das Register der »Vox humana« meinte. Die bis dahin in der Kirche gespielte Orgel wurde nach Anschaffen der neuen an Hebels Heimatort Hausen verkauft.

Damals störte das neue Instrument empfindlich die Harmonie der Michaelskirche, denn ihre mächtigen Ausmaße beraubten die Angehörigen des Kirchspiels Eichen ihrer Bankplätze, so daß für sie über der ersten Empore eine zweite gebaut werden mußte.

St. Michael – kaum ein Patron aus dem Heiligenkalender wäre für Schopfheim geeigneter gewesen, denn ohne Widerstand ließen sich die »Mächte der Finsternis« nicht aus der Flußaue der Wiese vertreiben.

Die ersten Bewohner von »Scophein«, Alamannen, waren noch keine Christen. Mit Waffen und anderen Grabbeigaben, aber ohne christlichen Segen, setzten sie ihre Toten in Steinplatten-Gräbern bei. Zwar war von einem Fremden zu hören, der auf einer Rheininsel lebte und von einem Mann namens Jesus erzählte, doch der »Botschaft der Liebe« schlossen sich die Bewohner der Gegend erst an, als die blutigen Ereignisse auf der Altenburg bei Cannstatt 746 eine andere Wahl lebensgefährlich gemacht hatten. St. Mi-

chael konnte triumphieren, und die Klöster St. Gallen und Murbach gewannen Land und Besitz.
Etwa im 12. Jahrhundert wuchs über den heidnischen Plattengräbern eine christliche Kirche empor, und fast zwei Menschenalter später gründete Konrad I. die Stadt Schopfheim mit seiner Burg darin. Es blieb die einzige Stadt der Herren von Rötteln und später der Markgrafen von Hachberg-Sausenberg-Rötteln.
Viel Mittelalterliches wäre auf die heutige Zeit gekommen, hätten damals nicht so viele Brände gewütet, wie in Todtnau, Schönau, Zell und anderen Orten, so auch in Schopfheim. Das schlimmste Feuerinferno erlebte die Stadt 1412.
Das Erdbeben vom Oktober 1356 richtete an der Schopfheimer Kirche genauso Schäden wie auf Burg Rötteln an.
Neues entstand – nicht immer zum Nachteil. 1479 bis 1489 ließ Markgraf Rudolf IV. das prächtige Netzgewölbe, das bis heute das Innere der Michaelskirche ziert, einziehen.
Leider verschwanden mit Einsetzen der Reformation die »abgöttisch Bildnis« aller Statuen und die Altäre der Kapellen.
Vieles hat sich in der Markgrafenstadt verändert, die bereits 1250 Marktrecht erhalten hatte. An der Stelle der einstigen Tiefburg steht ein Gasthof, und im alten Hirtenhaus von 1586 ist heute das Museum untergebracht. Ein durch die Straßen schlendernder Hebel, der hier die Lateinschule besucht hat, würde heute kaum Vertrautes wiederfinden, vielleicht noch die Partien der Altstadt, obwohl es ihm schwerfallen dürfte, die renovierten Häuser als die Gebäude aus seiner Jugendzeit zu identifizieren.
Schopfheim war den anderen Orten des Wiesentals – Lörrach ab einer bestimmten Zeit ausgenommen – immer weit voraus; als in der Umgebung die Häuser noch mit Stroh gedeckt waren, sorgte schon eine um 1595 gegründete Ziegelei dafür, daß die Dächer der Stadt mit Ziegeln belegt werden konnten.
Nur wenige Schritte sind es von der Altstadt bis an die Wiese, ungeduldig drängt sie: »Ich bin schon an der Stadt vorbei!«
Also weiter!

Der Eichener See – ein periodischer »Gast«

Sihsch dört vorne s' Röttler Schloß

Bei Gündenhausen wird die Eile des Flüßchens verständlich, denn hier verbindet es sich mit der Schwester vom Belchen – »mit freudigem Brausen«, schreibt Hebel.
Gemeinsam streben nun beide dem Röttler Burgberg zu. Die Geschiche der Burg ist gleichzeitig eine Geschichte des An-, Auf- und Umbauens; Zerstörungen machten den stolzen Bau immer wieder zur »Bau«-stelle.
Als Markgraf Friedrich VI. 1654 die im Dreißigjährigen Krieg oft heimgesuchte und inzwischen verfallende Anlage wiedererstehen lassen wollte, scheint ihr Gesamtzustand verheerend gewesen zu sein, wie eine zeitgenössische Beschreibung wiedergibt: »Grien Thurn war ein bürgerl. Gefängnis im oberen Schloß zu diesem war der Zugang verfallen. – – Die Landschaft, ein runder Thurn . . . oben offen. – – Die Mauer gegen dem untern Schloß sich gesenkt. – – Die alte Burg Vogtey Bewohnung des obern Schlosses ist durch die Kaiserlichen welche das Schloß eingenommen, gänzlich ruiniert worden.«
Die Pläne des Markgrafen wurden verwirklicht, Neues erhob sich aus den Trümmern, doch war gerade das Notwendigste aufgebaut, als 1678 das Schloß von Franzosen beschossen wurde. Im ersten Anlauf nicht eingenommen, wurde es schließlich doch erobert und ging in der Nacht des 29. auf den 30. Juni in Flammen auf, schicksalsgleich mit Burg Brombach und den Schlössern Badenweiler und Sausenburg.
Ein solches Ende ihrer Burg hatten sich die »Freien Herren von Rötteln« gewiß nicht vorgestellt. Vermutlich hatten sie auch keine Kenntnis von der Vergangenheit ihres Baugeländes, auf dem sich schon die Römer als Bauherren versucht haben sollen.
1103 tritt ein Dietrich von Rötteln nachweisbar in die Geschichte ein; um diese Zeit wird die Burg über dem Dorf Rötteln schon bestanden haben.
Die Röttler erbten von den »Herren von Waldeck«, deren Burg sich bei Tegernau erhob, ausgedehnte Besitzungen, als das Geschlecht 1150 ausstarb. Doch war das noch nicht die Zeit der »vertäfelte Stube mit goldene Lyste«, lieber Hebel, die kam nämlich erst später.
Zunächst ergreifen die freien Herren in der Auseinandersetzung zwischen Kaiser und Papst Partei für die Kirche; dann brechen sie zum Kreuzzug ins Heilige Land auf, aus dem sie wahrscheinlich nicht zurückgekommen sind. Doch das Geschlecht besteht weiter. Es wechselt in das Lager des Kaisers über – genauso wie die Markgrafen von Hachberg, zu denen die Röttler verwandschaftliche Bande knüpfen. Verwandschaft saß auch auf der nahen Burg Rotenberg ob Wieslet, doch dieser Familienzweig, der 1280 ausstarb, hatte wenig freundschaftliche Gefühle für die »Vettern«.
Es kann davon ausgegangen werden, daß der Grüne Turm aus der Zeit der Freien Herren von Rötteln stammt; er ist heute vielbesucht, da er einen guten Blick ins Wiesental ermöglicht. Die heutige Aussicht auf die Baumwipfel des Röttler Waldes in Richtung Sausenberg wird sich seit den Zeiten der Burgbewohner kaum verändert haben.
Nicht nur die attraktiven Ausblicke machen den Reiz der Burgen und Schlösser aus, der sich in einer von der Kindheit bis ins Alter andauernden Faszination manifestiert, die alten Gemäuer be-

wahren auch einen Hauch vergangener Zeiten, sind sie doch Zeugen des Lebens schon lange dahingeschiedener Menschen gewesen.
Im Falle der Freien Herren von Rötteln ist es unmöglich, außer dem Grünen Turm weitere steinerne Zeugen nachzuweisen.
1259 taucht Burg Rötteln zum ersten Mal in einer Urkunde auf, es ist die Zeit, zu der Konrad I. Schopfheim zur Stadt erhebt. Zum Dank für diese Tat wurde er in der dortigen Michaelskirche beigesetzt.
In der Historie ist von einem »Aussterben des Geschlechtes« die Rede, wenn kein männlicher Nachfolger vorhanden ist. Bei den Röttlern war es um die Wende des 13. zum 14. Jahrhundert soweit, die Zeit der »Markgrafen von Hachberg, Herren zu Rötteln und Sausenberg« begann.
Hast recht, Hebel, so vergänglich sind nicht nur die Mauern, sondern auch die edlen Geschlechter – nicht einmal tausend Jahre waren erforderlich, um die freien Herren und die meisten ihrer Spuren auszuwischen; ». . . jetz isch alles still, . . . wildi Tuube niste dört uf moosige Bäume.«
Für die Burg ist die Zeit der Stille noch nicht angebrochen, im Gegenteil, die Hachberg-Sausenberger brachten neues Leben und zum Teil erhebliche bauliche Veränderungen!

Die Ruinen
der stolzen Burg Rötteln

Seit 1232 hatten die neuen Herren auf Sausenburg gelebt. Markgraf Hermann von Hachberg hatte den Sausenberg und das ihn umgebende Gebiet in einem Tausch mit der Abtei St. Blasien erworben. Jetzt wurde die Residenz von dort auf die größere Burg im Wiesental verlegt.
Das Erdbeben, das 1356 die Schopfheimer Kirche beschädigte und vermutlich auch die Rotenburg und Burg Waldeck zum Einsturz gebracht hatte, machte auch auf Rötteln wieder Bauarbeiten erforderlich.
In die Geschichte Röttelns spielt auch immer wieder die nahe Stadt Basel hinein, zu der umfangreiche verwandschaftliche, wirtschaftliche und kulturelle Beziehungen bestanden. Die Basler belagern die Burg, nachdem ihr Bürgermeister von einem Markgrafen erstochen worden ist. Ein anderer Markgraf, Rudolf III., wird vorübergehend gefangengenommen, als es bei der »Bösen Fasnacht« in Basel während eines Turniers zu Auseinandersetzungen kommt. Beide Zwischenfälle enden jedoch friedlich, und später schließt Rudolf sogar einen Bündnisvertrag mit der Stadt, mit der er im Burgrecht stand.
Unter Rudolf III. erlebt Burg Rötteln nur bescheidene Aus- und Umbauten, der Markgraf ist mehr mit seinen Aufgaben als Landesherr beschäftigt und erreicht durch geschickte Zukäufe und Tauschgeschäfte, daß er die volle Grafenwürde im Breisgau zurückerhält, die seit fast einem Jahrhundert aufgrund von Verpfändungen seiner Vorgänger verlorengegangen war.
Obwohl Rudolf III. infolge seiner Landkäufe und reichlichen Stiftungen hochverschuldet stirbt, geht er als wohltätiger, frommer und erfolgreicher Landesherr in die Geschichte ein, er wurde in der Kirche von Rötteln beigesetzt. Sein und seiner Gattin bedeutendes Grabmal und die Grabplatte eines Geistlichen überstanden die Zerstörung von Bildern und Skulpturen zur Zeit der Reformation.
An die Kirche, in der er jetzt ruht, Grabeskirche der Burgherren, hatte Rudolf schreiben lassen: »Ich macht disi kilchen . . .«, doch es handelte sich lediglich um einen Aus- oder Umbau, denn die Vorgängerkirche im Dorf Rötteln war älter als die Burg, schon im 8. Jahrhundert ist sie in einer Urkunde aufgeführt.
Der Enkel Rudolfs scheint ein sehr baufreudiger Herr gewesen zu sein. Neben seinen Aktivitäten an der Burg betätigt er sich auch an der Klosterkirche Weitenau und an den Kirchen zu Egringen und Rötteln; die abgebrannte Stadtkirche in Schopfheim läßt er zwischen 1479 und 1482 neu erstehen.
Am 9. September 1444 erhalten die beiden Markgrafenbrüder Rudolf und Hugo die Herrschaft Badenweiler als Geschenk von ihrem Oheim, dem Grafen Johann von Freiburg. Das Datum gilt heute als die eigentliche Geburtsstunde des Markgräflerlandes.
In der Folgezeit sind die Burgherren meistens mit kriegerischen Tätigkeiten beschäftigt. Das Bemühen Rudolfs IV. jedoch, zwischen den Großmächten Burgund und Österreich und den Eidgenossen Frieden zu wahren – in erster Linie wohl im Hinblick auf seinen Besitz, der in den drei politischen Gebieten verteilt ist – mißlingt.
Zu welch paradoxen Situationen die verstreut liegenden Besitztümer und die fast unvereinbaren Interessen jener Zeit führten, kann schon daran abgelesen werden, daß sich Rudolf IV. im Lager der Eidgenossen, sein Sohn Philipp aber gleichzeitig bei den diesen feindlich gesinnten Burgundischen befindet.
Durch einen Vertrag, der nie erfüllt wurde, kamen Rötteln und die Markgrafschaft an Baden: Am 31. August 1490 war zwischen Philipp von Hachberg-Sausenberg und dem Markgrafen Christoph von Baden das „Röttelsche Gemächte“ abgeschlossen worden, das vertraglich die Heiratsverbindung zwischen den beiden, vom gleichen Stamm sich herleitenden Häusern festlegte. Es kam nicht zustande, doch als Philipp ohne männlichen Nachkommen starb, nahm Markgraf Christoph das Röttelsche Gemächte zum Anlaß, um von den drei sausenbergischen Herrschaften Besitz zu ergreifen.
Während des Bauernkrieges besetzten Aufständische das Schloß, ohne es zu beschädigen. Doch der Spuk währte nur kurze Zeit, die »Banditer« wurden überwältigt und in den »Giller«, den unteren Turm der Oberburg, geworfen und anschließend »auf dem Kapf« vor dem Schloß hingerichtet.
Unter den Markgrafen von Baden gab es kaum noch bauliche Veränderungen an der Burg. Die folgenden Wirren des Dreißigjährigen Krieges förderten den Verfall der Anlage: Abwechselnd wird die Burg belagert und eingenommen, einmal von den Kaiserlichen, dann von den Schweden, dann wieder von den Kaiserlichen . . .
Wiederaufbau. Dann der Brand von 1678, das endgültige Ende von Burg Rötteln. Der Nachwelt bleibt nur eine imposante Ruine erhalten.
»Undenkliche Zyte brenne kaini Liechter in syne verissene Stube.«

Es chömme Lörrecher Rössli

Keinem Besitzer heutiger Lörracher »Rößli« würde einfallen, sein Transporttier an der Wiese zu tränken, dafür sind die Stationen mit den blauen, gelben oder andersfarbigen Schildern zuständig. Es ist schwer geworden, einem echten Pferd in Lörrach zu begegnen, nur 120 – darunter 29 Ponies – sind in der Stadt gemeldet; dafür sind 21 155 Kraftfahrzeuge zugelassen.

Der Wechsel vom Pferd zum Auto – Ersatz der Muskelkraft durch die Maschine – vollzog sich gerade im unteren Wiesental mit großer Geschwindigkeit. Seit die Industrie hier Fuß faßte, wurde es außerordentlich betriebsam zwischen Lörrach und Schopfheim. Das nahe Basel und das Elsaß übten ihren Einfluß aus, und der günstige, mit Wasserkraft und reichlich Holz ausgestattete Standort ermunterte viele Unternehmer von jenseits der Grenzen, als Ergänzung zu ihren in den wirtschaftlich höher entwickelten Gebieten vorhandenen Betrieben zusätzliche im Wiesental einzurichten.

Markgraf Karl Friedrich hatte am 30. Oktober 1732 ein Patent erlassen, das zur Gründung von Manufakturen und Fabriken anregte, da den fremden Unternehmern besondere Privilegien eingeräumt wurden. Dem Markgrafen mag dabei ein zweites Basel auf Lörracher Boden vorgeschwebt haben.

Einige Industriezweige entwickelten sich aus den alten Gewerben, die in den Dörfern des Markgräflerlandes verboten gewesen waren, da sie als »den stetten zustehend« angesehen waren. Industriell ausgeübt, verbreiteten sie sich über das ganze Land. Kaum ein Gewerbe, das nicht in einer Fabrik seine technische Vollendung fand, selbst Zunder, Holzschindeln und die Erzeugnisse der Schnefler wurden schließlich industriell hergestellt. Die Palette der Branchen war breitgefächert, allerdings führten schwerpunktmäßig Textil- und Papier-

Ein Blick auf den Lörracher Stadtteil Hagen von der Röttler Burg

fabriken. Ein »Großes Adressbuch von Europa und den Hauptplätzen der fremden Welt-Theile« (!) von 1845 führt für Schopfheim neben den kleinen Gewerbebetrieben über zwei Dutzend Fabriken auf: Spezerei- und Ellenwaren (Vorläufer des Kaufhauses für Lebensmittel und Textilwaren), Ölmüller, Kunst- und Porzellanmaler, 5 Ketten- und Nägelhandlungen, mechanische Baumwollspinnerei, Bleicher, Sattler, Drechsler und eine Papierfabrik mit maschineller Fertigung und fortlaufender Papierbahn.

Die Papierfabrikation war schon vor dem Dreißigjährigen Krieg im unteren Wiesental daheim gewesen, in Lörrach schon seit 1497. Der Krieg bereitete der Papier-Herstellung ein abruptes Ende, und als die Produktion wieder aufgenommen wurde, gab es – genau wie bei den Eisenwerken – Rohstoff-Probleme. So kam es, daß Lumpen in Schopfheim gut bezahlt wurden, und die Bewohner des Todtnauer und Schönauer Raumes sie heimlich nach dort brachten, obwohl die vorderösterreichische Regierung achtmal versuchte, den »schädlichen Fürkauf und Verführung der zum Papiermachen nothwendig erforderlichen Materialien« zu unterbinden. Eine glückliche Symbiose ergab sich aus dem gleichen Standort von Papierfabriken und Baumwollspinnereien, da die Textilabfälle als Rohstoff für die Papierherstellung genutzt werden konnten.

Entweder war die Qualität des Schopfheimer Papieres nicht gut, oder der Bedarf größer als die Produktion, denn aus Basel wurde zusätzlich Papier eingeführt. Im November 1853 war in Schopfheim die erste Maschine zur Papierherstellung im Wiesental installiert worden. Fünf Jahre später war das Problem »Rohstoff« endgültig gelöst, denn ab diesem Zeitpunkt wurde Holz anstelle der Lumpen verwendet. Die Produktion der Papierfabrik von Schopfheim, aber auch derer von Todtnau und Maulburg, fand in der Schweiz und im Elsaß guten Absatz; erst als sich das Verlagsgeschäft nach Stuttgart, Leipzig, Berlin und Köln verlagerte, wirkte sich die Grenzlage des Wiesentales nachteilig auf den Papierhandel aus und die Bedeutung des Schopfheim/Lörracher Raumes für diesen Industriezweig sank. Am Ufer der kleinen Wiese wird heutzutage Altpapier zu sogenanntem Umweltschutzpapier verarbeitet – vielleicht ein neuer Markstein in der Geschichte eines alten Gewerbes im Wiesental-Raum.

Erfolgreicher verlief die Entwicklung der Textilindustrie, die ohne Zweifel den größten Einfluß auf die Umgestaltung des Wiesentales ausübte.

Die Wurzeln dieses Industriezweiges reichen noch weiter als die der Papierherstellung in die Vergangenheit zurück. Schon sehr früh, noch bevor die Leinenweber ihr Gewerbe ausübten, verarbeiteten die Landwirte selbst Flachs und Hanf zu den benötigten Textilien.

Nach dem Patenterlaß des Markgrafen Karl Friedrich gab es zahlreiche Gründungen von Bleichen, Spinnereien, Färbereien und Fabriken für baumwollene, seidene und leinene Tücher. In Lörrach kam 1761 die erste Fabrikordnung des Wiesentales von der »Hanf- und Flachspräparations-Spinn-Weberey und Bleichfabrique« heraus. Darin heißt es zum Thema »Arbeitszeit«:

»Handlanger und Taglöhner müssen im Sommer pünktlich um 4 Uhr, die Drukker zwischen 4 und 5 Uhr an der Arbeit sein und nach gewöhnlich beobachteten Ess- und Ruhestunden nach 7 Uhr abends die Arbeit verlassen, im Winter dagegen Anfang bei Tagesbeginn und Feierabend bei Endigung des Tages.« Samstags wurde die Arbeit etwas früher beendet. Religionsdispute waren untersagt.

1861 war bei der Lörracher Firma Sarasin & Cie. die Arbeitszeit im Winter von 6 bis 12 und 1 bis 8 Uhr, im Sommer von 5 bis 12 und 1 bis 7 Uhr festgesetzt. Im 18. und auch noch im 19. Jahrhundert galt Kinderarbeit als positive Errungenschaft der Industrie, doch allmählich wurden die Nachteile erkannt, so daß der Staat mit Verordnungen eingriff. Fabrikarbeit entband nun nicht mehr vom Schulbesuch – für die Kinder keine entscheidende Verbesserung, denn flugs entstanden in Lörrach, Haagen und Steinen eigene Fabrikschulen. Arbeit und Unterricht durften jedoch 12 Stunden am Tag (!) nicht überschreiten.

Ein Gutachten des Bezirksamtes Lörrach beschreibt 1869 die Tätigkeit der Kinder so: »Sie werden in der Baumwollspinnerei, in der Seidenbandweberei und in der Kattundruckerei beschäftigt. In der Baumwollspinnerei werden hauptsächlich Knaben als Gehilfen des Spinners gebraucht. Die Mädchen besorgen meist das Einlegen der Bobbines in die Kisten und helfen beim Packen. In der freien Zeit lernen die Kinder ihre Schulaufgaben.«

Schon 1785 wurde berichtet, daß unter 200 bis 300 Arbeitern viele schulpflichtige Kinder seien, und eine Statistik aus Haagen von 1837 bis 1852 gibt folgende genaue Zahlen an (Auszug):

Jahr	männlich	weiblich	Kinder
1837	120	95	14
1840	106	133	100
1849	170	209	144
1852	193	195	112

Eine Vorstellung von der Größe einzelner Werke vermittelt die Aufzählung eines 1835 in Haagen errichteten Betriebes: 7500 Spindeln für einfaches Baumwollgarn, 840 Spindeln für Zwirn, 92 mechanische Webstühle.

Zwei Handelszweige, die nie große Bedeutung erlangten, waren der Tabakanbau und die Zunderherstellung. Der Tabakanbau war 1660 im Breisgau und im Markgräflerland eingeführt worden. Die Tabak verarbeitenden Fabriken waren – von einer zeitweise in Wieslet ansässigen Zigarrenfabrik abgesehen – ausschließlich in Lörrach angesiedelt. Die Qualität der Produkte war – so wird berichtet – außerordentlich schlecht.

Es war ein betriebsames Land, die Gegend zwischen den beiden Flüßchen Wiese und dem Rhein.
Hanns Uhl schrieb 1938:
»... uns zu Füßen die Hebelstadt im Tal, Lörrach ... Zu uns hinauf drang der Lärm der Websäle der arbeitsamen Stadt. Er vermischte sich mit dem Rauschen der Wasser der Wiese, die voller Übermut drunten bei den Pappeln über das Wehr sprang und hurtig weiterlief, dem Rheine zu.«

Hoch über dem Wiesental – Hänge und Weiden bei Ehrsberg

Liebliche Schwester

Die »Kleine Wiese«, Schwester der bekannteren »Tochter des Feldberges«, hat ihren Ursprung im Belchenmassiv und durchfließt ein Land, das durch Bergbau und Burgen, Pröpste und Prälaten eine wechselvolle Geschichte erlebt hat und heute wegen seiner landschaftlichen Schönheiten beliebt ist.

In einem Land mit der gewaltigen Kulisse aus Bergen, Wäldern und Flüssen, wie es sich rechts und links der Belchen-Wiese erstreckt, regen sich von Zeit zu Zeit die Urkräfte der Natur und verbreiten unter den Menschen Erstaunen, aber auch Furcht und Schrecken. Viele solcher Ereignisse überleben in den alten Sagen. Manchmal sind die tatsächlichen Begebenheiten, die den Geschichten zugrundeliegen, noch bekannt, in vielen Fällen jedoch nicht mehr zu ermitteln.

Kleideten überreiche Phantasie, die sich an einer alltäglichen Ortsbezeichnung entzündete, oder fromme Belehrsamkeit das Entstehen des Nonnenmattweihers in eine Sage?:

In mondhellen Nächten soll am Nonnenmattweiher die Glocke eines Klosters zu hören sein, das in den Fluten untergehen mußte, weil seine Bewohnerinnen mehr den weltlichen als den geistlichen Dingen zugetan gewesen seien und nächtlichen Besuch von Mönchen eines Klosters aus Marzell gedul-

Der Nonnenmattweiher verdankt seine Entstehung eiszeitlichem Geschehen

det haben sollen. Als am 1. März 1922 der Damm des Sees durch Hochwasser zerstört worden war und sich das Wasser verheerend ins kleine Wiesental gestürzt hatte, waren auf dem grünen Moorboden keine Reste eines Klosters entdeckt worden – Bestätigung also für eine andere Erklärung: »Nonnenmatt« sei die Bezeichnung für eine Wiese gewesen, auf der die jungen, zur Mast bestimmten Rinder, die »Nonnen«, geweidet hätten.
Ob die Sage – wie es oft der Fall ist – von einem anderen Ort ins kleine Wiesental übertragen wurde, oder ob doch ein Körnchen Wahrheit darin enthalten ist, wird vielleicht nie zu klären sein; Tatsache ist jedenfalls, daß der Nonnenmattweiher ein Kar aus der letzten großen Eiszeit ist.
Die Voraussetzungen für einen See waren ideal: der nach Schmelzen des Eises zurückgebliebene Geröllwall staute das von den steilen Berghängen herabfließende Wasser.
Heute trägt eine im See schwimmende Torfinsel pflanzliche Hochmoor-Bewohner, wie sie im Raum der beiden Wiesentäler nur hier und dann erst wieder am Feldberg und im Hotzenwald anzutreffen sind. Der fleischfressende rundblättrige Sonnentau, der hier stark vertretene seltene Moorbärlapp, die Moosbeere und andere haben den Nonnenmattweiher zu einem Anziehungspunkt für interessierte Naturfreunde werden lassen.

Warnfärbung »Gelb-Schwarz« zur Abschreckung: der Feuersalamander

»Herbstzeichen«

Der Kohlenmeiler von Mathias Wunderle in Wieden (Finstergrund)

Die Täler der Kleinen und Großen Wiese sind von edlen Herren und von Klöstern stark geprägt worden. Weniger an St. Trudpert, mehr an St. Blasien kamen durch Schenkungen des örtlichen Adels ausgedehnte Besitzungen. Der Wunsch vieler dieser Herren, im Kloster Ruhe vor dem Weltgeschehen zu finden, verschaffte der Abtei am Hotzenwald auch im Tal der Kleinen Wiese viel Besitz. Eine Schenkungsurkunde derer von Rotenberg an St. Blasien belegt für 1278 einen solchen Vorgang. Aber auch Klöster vermachten – allerdings seltener – Besitz: So stammt der reiche Wald Neuenwegs aus einer Schenkung des Klosters St. Trudpert.

Trotz seiner günstigen Lage am alten Weg zwischen dem Rheintal und den Silbergruben im hinteren Wiesental wuchs Neuenweg kaum; bis heute erreichte seine Einwohnerzahl nicht einmal ein halbes Tausend.

Erholungssuchende Gäste sind heutzutage aus dem Bild der alten Bergbauern-Gemeinde nicht mehr wegzudenken, sie sind zu einer neuen Erwerbsquelle der Einheimischen geworden, die ihren Lebensunterhalt früher mühevoll mit Viehzucht und Holzfällerei bestritten oder im Bergwerk arbeiteten.
Alte Schriftstücke belegen, daß die Neuenweger mit ihrer Kirche viele Probleme gehabt haben müssen. Der erste Bau zu Beginn des 14. Jahrhunderts war dem Heiligen Nikolaus geweiht, zu Ende des 17. Jahrhunderts war er jedoch »... in einem überaus elenden Stand, dach und Boden sehr schlecht ... so daß gänzlicher Einfall droht«. Die Klagen rissen nicht ab, 1765: »... der Pfarrfrauenstuhl gleicht einem verfaulten Kefig«, und 1801 fegte ein Sturm das halbe Kirchendach hinweg. Drei Jahre später durfte wegen Einsturzgefahr keine Glocke mehr geläutet werden. Schließlich wurde 1807 die auf Pläne Weinbrenners zurückgehende neue Kirche gebaut.
Knapp zwei Jahrzehnte vor Ausbruch des Nonnenmattweihers erlebte der Ort eine andere Katastrophe: achtzehn, meist strohgedeckte Häuser fielen einer Feuerbrunst zum Opfer.
Auch dem benachbarten Böllen hat der Silberbergbau keine Reichtümer gebracht. An den ehemaligen Erzabbau erinnern nur noch die Flurnamen »Erzloch«, »Silbereck« und »Silberwald«. Sichtbare Zeugen der Vergangenheit sind Böllens malerische Schwarzwaldhäuser.
Schon die Ableitung des Ortsnamens vom Belchen, bzw. vom Gott Belenus dürfte darauf hinweisen, daß es sich bei Böllen um eine sehr alte Siedlung handelt.
Schon sehr früh wurde in Wieden Erzabbau betrieben; bereits 1374 wird eine Erzmühle erwähnt, jedoch der Versuch, vor 200 Jahren erneut Silbererz zu fördern, war genauso wenig vom Erfolg gekrönt, wie die erneute Öffnung der Grube „St. Anton“ im Jahre 1929.
Geöffnet ist wieder der Flußspatstollen am Finstergrund – jedoch nur, um interessierten Besuchern die Möglichkeit zu bieten, einen Blick in die Grube zu tun, aus der neben Flußspat auch Silber, Bleiglanz, Kupferkies, Zinkblende, Karbonate und Sulfide gefördert wurden. Fünf Stollen sind im Berg, der unterste, der »Finstergrund-Stollen«, kann besichtigt werden.
Neben dem Bergbau gab früher die Hausweberei den Menschen in Wieden Arbeit; 1870 waren 36 Weber mit »Zeuglimachen« beschäftigt.
Aus den erwähnten Schenkungen edler

Herren stammten in der Gemarkung Wieden vier große Klosterlehen der Abtei St. Blasien.
Vom nahen Münstertal war der Einfluß auf das Land der Belchen-Wiese geringer als aus dem fernen Albtal. Das mag mit der Zerstörung der alten Silberstadt Münster durch die Freiburger und dem Niedergang der Herren von Staufen zusammenhängen, die – schließlich ohne Silbereinkünfte – ihre Hoffnung auf den Alchimisten Dr. Faust setzten, der das begehrte Metall in der Retorte herstellen und dadurch die Schuldenlast der Herren beseitigen sollte.
Dagegen brauchte das Kloster St. Blasien über mangelnde Einnahmen nicht zu klagen – im Gegenteil, es vergrößerte unaufhörlich seinen Besitz und seine Rechte, schließlich »zinsten« neben den meisten Dörfern des vorderen auch viele des hinteren Wiesentales der Abtei am Hotzenwald.
Auch Bürchau an der Belchen-Wiese wurde sanktbläsisch, als Dietrich von Rothenberg seine Rechte nicht den Vettern auf Burg Rötteln, sondern der Abtei vermachte – allerdings fielen sie 1316 als »Röttler Erbe« wieder den Markgrafen zu.
Wandern ist auf verschiedene Art möglich: einmal kann ein Ziel festgelegt, die Strecke genau bestimmt und Abweichungen von beiden streng ausgeschlossen werden. Es gibt aber auch die andere Art, bei der ein Wegweiser, eine plötzlich in der Gegend oder auf der Karte entdeckte Aussicht oder ein Bauwerk zur Streckenänderung verführen und das ursrpüngliche Ziel vergessen lassen.
Darüber, welche Art vorzuziehen ist oder eher bereichert, läßt sich kaum streiten, denn das, was der Wandernde schließlich als Ergebnis seiner Bemühungen sieht, hängt entscheidend von seinen subjektiven Wünschen und Erwartungen ab.
Jemand, der die zweite Art des Entdekkens schätzt, kann sich plötzlich am Lipple wiederfinden, ein Stück vom

Kleiner Fuchs zu Besuch auf Alpendost

Bei Heubronn

◁
Itzenwald beim Wiedener Eck; Lebensraum . . .

. . . der »Hinterwälder«, einer anpassungsfähigen, aber seltenen Rinderrasse

Bett der Kleinen Wiese entfernt; vielleicht haben ihn schreckerregende Namen wie »Grusiloch«, »Wildsberg«, »Höllbach« oder gar »Hölle« neugierig gemacht. Dieser Wanderer wird kaum bereuen, einen anderen Weg eingeschlagen zu haben, denn die Landschaft ist – im Widerspruch zu den grauslichen Namen – von außerordentlicher Schönheit. Bäume stehen einzeln oder in Gruppen, manchmal sammeln sie sich zum Wald; unter einem klaren Himmel tun sich Täler auf und stellen dem Blick in die Ferne kein Hindernis entgegen.

Dann, nach langer Strecke durch Wälder und über Lichtungen hinweg, ein Ort: Endenburg, das alte »Etenniburg«. Schon 1157 besaß der Ort eine Kirche. Das Patronat über St. German übte – in dieser Gegend gibt es kein Daranvorbeikommen – St. Blasien aus. Endenburg war Grenzort der Propstei Bürgeln, stammte urspünglich aus Röttler Besitz, wurde 1345 unter dem Schutz des Markgrafen Otto erwähnt, 1367 an Baron von Hertenberg verliehen ...

Weiter auf dem Wanderweg! Scheideck. Hier trafen am Gründonnerstag 1848, es war der 20. April im ersten Jahr der badischen Revolution, die Freischärler auf die von Kandern anrückenden Truppen.

▷
Buchen am Köhlgarten im Rauhreif

▷▷
Aggressive Balzhaltung eines Auerhahns – ein seltener Anblick!

Gedenksteine für die ungefähr 20 gefallenen Freischärler, vier Militärs und den General von Gagern sowie seit 1988 eine Tafel erinnern an das Geschehen, das sich in Geschichtsbüchern so liest: »Bevor es zum Gefecht kam, forderte Gagern nochmals zur Niederlegung der Waffen auf. Da fielen schon die ersten Schüsse, die den General tödlich trafen.«
Gustav Struve schilderte die Ereignisse anders: »Noch einmal riefen die Republikaner Brüder! Mit rauher, vor Leidenschaft bebender Stimme rief Gagern diesen aber zu: GESINDEL SEID IHR! BLUT SOLL FLIESSEN! Fast gleichzeitig mit dem badischen Offiziere . . . an der Seite seiner Leute, fiel General v. Gagern, den Säbel in der Hand, mit seinem Pferde.«
Immer wieder begegnen dem Wanderer im »wunder«vollen Röttler Wald phantasievolle Namen wie »Hexenbrünnli« und »Wotanseiche«. Hinter allen wird sich eine ganze Geschichte verbergen, wie auch hinter der »Nassen Küche«, einem Platz, an dem am 17. Juni 1729 dem Erbprinzen Friedrich vom überaus starken Regen ein Jagdessen aufgeweicht wurde. Den acht Steinsitzen um den Tisch wurden danach die landvogtlichen Verse eingemeißelt:

»Hier muß der dustere Wald
Prinz Friedrichs Aufenthalt
Und dieser Wildnis finsterer Erden
Zum Paradies der Freuden werden.
Doch weil der Himmel jetzt
Die Jagdlust sehr benetzt,
Soll dieser Ort, der solchen kennet,
Zur *Nassen Kuchen* sein benennet.“

Von der Nassen Küche führt der Wanderweg zu einer nicht weit entfernten, sagenumwobenen Stelle: Häfnetbuck mit Quelle. Kein Geringerer als Johann Peter Hebel bestätigt die Sage, nach der die Häfnet-Jungfrau im Brunnen sitzt: »Doch stiigt sie an sunnige Tage mengmol use ans Land.« Dann kämmt sie ihre goldenen Haare. Kommt nun jemand vorbei, der an diesem Morgen weder gebetet noch sein Haar gewaschen hat, oder der gar junge Bäume zerstören oder Holz stehlen sollte – den nimmt sie in den Arm und zieht ihn in den Brunnen hinab.
So sehr sich die Häfnet-Jungfrau heute um strafende Gerechtigkeit bemüht, so ungerecht war sie im irdischen Leben zu ihren Untertanen. Als sie schließlich gestorben war, wollte die geweihte Erde des Friedhofes sie nicht behalten. So oft ihr Sarg auch versenkt wurde, immer wieder stand er am nächsten Morgen vor dem Gottesacker, bis sich die Leute entschlossen, ihn auf ein Ochsenfuhrwerk zu stellen und die Tiere laufen zu lassen, wohin es ihnen beliebte. Am Häfnetbuck hielten die Ochsen an, und hier, an der Quelle soll der Leichnam begraben worden sein.
Zwischen Häfnet und Stoffelberg lag einst das Kloster Weitenau. Die Herren von Warth aus dem Zürchgau statteten die Propstei St. Blasiens mit reichen Gütern und zahlreichen Rechten aus. Von dem 1806 aufgehobenen »Chlösterli« sind Turm und Schiff der Kirche und das ehemalige Pfarrhaus erhalten geblieben; alles zusammen dient heute als Sanatorium. An das ehemalige Kloster erinnern noch ein achteckiger Taufstein und drei Wappen über einem Portal.
Der Ort Weitenau liegt an der Straße, die über Wieslet nach Tegernau führt. Die Endsilbe »au« in vielen Ortsnamen läßt auf wasserreiche Wiesen schließen, die zusätzlichen Wortbestandteile er-

läutern oft charakteristische Merkmale der Landschaft, so Bürchau – die Birkenaue, Todtnau – die tote Aue, Schlechtnau – die schlechte Aue, Weitenau – die weite Aue.
Zurück zur Belchen-Wiese! An ihrem Zusammenfluß mit der Köhlgarten-Wiese liegt Tegernau, lange Zeit Vogteiort für alle Talgemeinden und Urpfarrei mit Mutterkirche, selbst für die Leute aus Neuenweg und Schönau.

Über der Ansiedlung hatten die »Rodungs-Herren« im Gefolge der Zähringer ihre Burg »Neu-Waldeck« errichtet, nachdem sie »Alt-Waldeck« aufgegeben hatten. Auf der Rotenburg ob Niederntegernau wohnten die schon erwähnten Vettern der Röttler. Wie so viele Bauwerke der Region wurden wahrscheinlich auch die Burgen bei Tegernau durch das Erdbeben 1356 zerstört. Nachdem das Stiftergeschlecht derer von Warteck erloschen war, folgten vom 13. bis zum 15. Jahrhundert die »Edelknechte von Tegernau«, Vögte der Markgrafen, danach die Freiherren von Roggenbach.
Kriegsauswirkungen bekam Tegernau 1678 zu spüren, als die Franzosen im »Holländischen Krieg« den Ort bis auf ein einziges Haus niederbrannten.
Lange Zeit schwelten zwischen der Pfarrei und St. Blasien Auseinandersetzungen um die Abgabe des Zehnten. Als der Abt schließlich meinte, er wolle den Zehnten aus Gnaden, nicht aber aus Recht erlassen, soll der damalige Pfarrer geantwortet haben, »aus Gnaden« wolle er nur selig werden.

△
Spaß und sportliche Begeisterung beim Hornschlittenrennen

▷
Das winterliche Wieden

Oft scheint es wirklich, als habe sich in dieser zum Teil abgelegenen Gegend ein Paradies erhalten: Rauschende Laubwälder, die murmelnde Belchen-Wiese und ihre munteren Schwestern, zwitschernde Vögel, Berge und Täler – Vielfalt der Natur. Doch Kriegswirren, Not und Elend haben in früheren Zeiten das Kleine Wiesental nicht ausgespart. Auch heutzutage ist das Leben im Tal nicht – wie an keinem Punkt der Erde – paradiesisch. Zwar blieb der verseuchte Rhein ohne sichtbare Folgen für die Gegend, doch die Strahlen aus der Ukraine haben damals vor den Bergen nicht haltgemacht und die Furcht vor dem nur wenige Kilometer entfernt liegenden Kernkraftwerk wachsen lassen.
Katastrophen und Elend haben die Bewohner des kleinen Wiesentales zur Genüge kennengelernt, die Liste der Rückschläge ist lang.

Das Absterben der Hausindustrie brachte viele selbständige Hausweber in die Abhängigkeit von Fabriken, doch wer in den großen Betrieben Arbeit fand, konnte noch froh sein, denn allgemein kam mit dem Rückgang der Hausweberei Not über die Menschen.
Dann, 1847/48, kam zu diesem Elend eine katastrophale Mißernte: bei den Kartoffeln – neben Milch die ausschließliche Nahrung – fiel die Ernte vollständig aus. Suppen-Anstalten, Geldhilfe und Verteilen von Lebensmitteln konnten die Not nur wenig lindern. Ein großes Auswandern nach Amerika, Afrika, in die Schweiz und die Städte des vorderen Wiesentales setzte ein, bei der manche Gemeinden 20 bis 30 Prozent ihrer Einwohner einbüßten. Die Menschen hatten sich an einen gewissen Wohlstand gewöhnt, den sie vermißten und in der Fremde wiederzufinden hofften.

Zum Elend der fehlenden Arbeit und Nahrungsmittel kamen Krankheiten infolge ungenügender Ernährung und Bekleidung. Unter den Menschen ohne Einkünfte schnellte die Zahl der unehelichen Geburten in die Höhe, da die Vorausetzungen zum Gründen einer Familie fehlten. Aus einem Ort wurden auf Gemeindekosten ledige Frauen mit vier, fünf und sieben unehelichen Kindern nach Amerika abgeschoben.

Zu hoffen ist, daß die düsteren Visionen, die Hebel von diesem wundervollen Land hatte, nie Wirklichkeit werden mögen:

Der Belche stoht vercholt,
der Blauen au, as wie zwee alti Thürn,
und zwische drinn isch alles use brennt
bis tief in Bode abe. D' Wiese het
ke Wasser meh, 's isch alles öd und schwarz,
und todtestill, so wit me luegt –
. . .
Lueg, dört isch d' Erde gsi, und selle Berg
het Belche gheiße! Nit gar wit dervo
isch Wiesleth gsi . . .

(Der Belchen steht verkohlt,
der Blauen auch, wie zwei alte Türme,
und dazwischen ist alles ausgebrannt
bis tief in den Boden. Die Wiese hat
kein Wasser mehr, alles ist öd und schwarz,
und totenstill, so weit man sieht –
. . .
Schau, dort ist die Erde gewesen,
und jener Berg hat Belchen geheißen!
Nicht allzuweit davon
ist Wieslet gewesen . . .)

Scheibenschlagen in Neuenweg, anno 1987

Fasnächtliches Treiben im Wiesental. Umzug in Zell: Todtnauer Masken und . . .

▷▷

Fahrnauer »Wuhrknechte«

Nur noch kurz ist die Strecke, die »des Feldbergs liebliche Tochter zurückzulegen hat, um sich mit »'s Gotthards große Bueb« zu vermählen. Vorbei an Stetten mit dem Schlößle, ehemaligem Verwaltungssitz des Säckinger Stiftes. Vorbei noch am Tüllinger Berg, auf dem die legendäre Ottilia lebte, eine Frau, die aus dem Gefolge der 11000 Mädchen bei der Fahrt der Hl. Ursula gen Köln zurückblieb und sich hier als Einsiedlerin niederließ.
Am liebsten würde die Wiese auch an Weil hurtig vorbeieilen, zumal sich die Stadt, die ihr Ufer genauso am Rhein wie an der Wiese hat, mit dem Namen des Größeren schmückt. Zwar eilt die Wiese erwartungsvoll dem Schweizer Strom entgegen, doch ihre weibliche Eitelkeit ist schon ein wenig verletzt. Tatsachen können jedoch nicht einfach ignoriert werden, schließlich verdankt die Stadt dem Rhein und nicht der Wiese seinen Hafen.
So kann des »Feldbergs Tochter« Weil nicht einfach »links liegen lassen«. Und schließlich sind auch die Gleisanlagen von Weil vier- bis fünfmal so breit wie das Flußbett der Wiese, was ebenfalls nicht wegzudiskutieren ist.
Weil wuchs durch die Eisenbahn und mit der Eisenbahn zu seiner heutigen Bedeutung heran – eine Gegebenheit, die auf die unmittelbare Nähe Basels und dessen (deutschem) Badischen Bahnhof zurückzuführen ist.
Wer das heutige Weil nur kurz kennenlernt, ist erstaunt zu hören, daß die Stadt 1986 ihr eintausendzweihundertjähriges Bestehen feiern konnte, doch es ist aktenkundig: »An den 3. Kalenden des März im 18. Regierungsjahr« von König Karl (27. Februar 786) hat »Folcramnus, Priester und unwürdiger Sünder« den Text auf ein Stück Tierhaut niedergeschrieben, in dem »Willa« zum ersten Mal erwähnt wird. Die Stadt zwischen Wiese und Rhein weiß sich heute in einprägsamen Parolen darzustellen, »W wie Weil am Rhein« heißt eine, »Stadt an Schiene, Strom und Straße« eine andere.
Die Hektik von Zügen, Schiffen und Autos verschont die Keimzelle der Stadt, den Ortsteil, der heute als »Alt-Weil« bezeichnet wird und in dem nicht nur das alte Stapflehus (Staffelhaus), einst Amtssitz des Röttelner Vogtes, sondern auch der Bläserhof, vormals Obmannsitz des Klosters St. Blasien, und das Pfarrhaus stehen, in das es Hebel wegen seiner Freundin Gustave Fecht zog.
Geschichte und Geschichten halten die Wiese nicht auf, sie strebt munter dem Rheine zu, passiert die Grenze und trifft bei Kleinbasel den Strom, um mit ihm gemeinsam wieder nach Deutschland zurückzukehren.
Ihre Wasser werden im Rhein oder dem Grand Canal d'Alsace mehrmals zwischen Deutschland und Frankreich die Grenze wechseln, bis sie nach Holland hineinfließen, vielleicht bei einer Großstadt zu Trinkwasser aufbereitet und schließlich von der Nordsee aufgenommen werden.

Ins Wehratal

Von der Schlucht zu den Schlittenhunden

Von den sie durchfließenden, dem Rhein zustrebenden Wassern geschaffen, ragen – oft mehr Schluchten als Täler – Einschnitte in den Hotzenwald hinein. Auf dem Weg den Hochrhein hinauf nach Osten ist das Wehratal die Ouvertüre einer zweiteiligen Landschafts-Oper, deren folgende Akte »Murgtal« und »Albtal« heißen.
Die Wehra begrenzt nach Osten hin das Muschelkalkgebiet »Dinkelberg« zwischen Rhein und Wiese, das dem Wanderer durch den Westweg erschlossen wird. Keine große Stadt bewacht den Eingang ins Wehratal: Brennet und Öflingen sind Stadtteile von Wehr, und ihre unterschiedlichen Industriebetriebe vermitteln bereits einen Vorgeschmack auf die emsige Stadt. Es ist schwer, sich unter dem heutigen Öflingen das alte »Ovelikon« oder »Ovelinchova« vom Ende des 6. Jahrhunderts vorzustellen, dessen Bezeichnungen auf die Alamannen hinweisen.
Ungefähr 400 Jahre später werden die Grafen von Wehr erwähnt, deren Einflußbereich ins Rheintal bis Schwörstadt und Wallbach, auf dem Hotzenwald bis Bergalingen und Hornberg reichte. Ihre Burg Werrach errichteten sie etwa um 1100 auf einem Felsen am

Blick von der Felsenhütte ins Wehratal

östlichen Wehra-Ufer. In ihrer wechselvollen Geschichte geriet die Grafschaft im 13. Jahrhundert an die Herren von Klingen und etwas später an die Habsburger; 1365 empfingen sie die Ritter von Schönau als Lehen. Unter Walther von Klingen wurde Burg Werrach zum Treffpunkt von Minnesängern und erlangte damit eine Bedeutung, die sie über alle Burgen des deutschen Südwestens erhob.

Öflingen-Brennet, nahe der Wehra-Mündung

Nach Eroberung und Zerstörung durch Rudolf von Habsburg, 1256, erstand Burg Werrach zwar wieder neu, geriet aber schon knapp anderthalb Jahrzehnte später erneut in kriegerische Verwicklungen, verlor an Bedeutung und verfiel stetig bis zur heutigen Ruine.
Ebenfalls Ruine, jedoch besser erhalten und noch mit besteigbarem Rundturm, ist die fast gleichalte Burg Bärenfels, ebenfalls auf östlichem Wehra-Ufer gelegen. Bärenfels war als Schutzburg der Verbindung Wehratal – Hotzenwald erbaut worden und hieß ursprünglich »Burg Steinegg«. Das große Erdbeben von 1356, dem so manche Burg des hiesigen Raumes zum Opfer fiel, bedeutete auch für Bärenfels das Ende.

Sieben Jahre nach dem Erdbeben erhielt Wehr Marktrechte. Land- und Waldwirtschaft bildeten damals noch die Erwerbsgrundlage der Bevölkerung, doch schon bald wurden Erzschmelzen und Hammerwerke gegründet. Im 19. Jahrhundert siedelte sich die Textilindustrie an.
Erst 1950 wurde Wehr zur Stadt. Ihre bedeutende industrielle Vielfalt machen heute kunststoff- und metallverarbeitende Betriebe, ein Chemie-Unternehmen, Baumwollwebereien, eine Teppich- und eine Papierfabrik aus.

Baumpilze und Schwefelflechten

◁
In der »Wehra-Schlucht«

◁◁
Der Wehra-Stausee

Neben den beiden nahen Burgruinen sind in der modernen Stadt das »Schloß« oder »Alte Mühle« genannte Gebäude – nach Burg Werrach Sitz der Herren von Schönau-Wehr – und ein von den gleichen Herren errichteter Spätbarockbau, heute Rathaus, Zeugen der Vergangenheit. Außer den Grundmauern, auf denen jetzt die St. Wolfgang-Kapelle steht, ist von dem 1265 durch Walther von Klingen gestifteten Frauenkloster nur noch die Erinnerung geblieben.

Daß die zum Teil wichtigen Bauten der Neuzeit zukünftige Katastrophen überstehen mögen, ist zu wünschen, sind doch viele von ihnen für das Leben der Menschen fast unverzichtbar geworden. So etwa der nördlich von Wehr gelegene, vierzig Meter hohe Staudamm, der die Wasser des Flusses im Wehrabecken sammelt, um ein Kraftwerk zu betreiben. Wer die Wasserfläche des Stausees über einige Zeit beobachtet, kann feststellen, daß sie – je nach Stromverbrauch – deutlich sichtbar absinken oder steigen kann.

Über eine pfeilergetragene Brücke und durch einen Tunnel hindurch führt die Straße in die Schlucht des Tales. Senkrecht aufragende Felsen mit herabstürzenden Bächen, die zur Winterszeit in glitzernd-schillernde Eisvorhänge verwandelt werden, sind charakteristisch für diesen Talabschnitt. »Mettlenfels«, »Wildenstein«, »Kaiserfelsen« und »Hirschsprung« sind bei Wanderern bekannte Bezeichnungen für einzelne Bergsegmente einer über Millionen Jahre ursprünglich gebliebenen Landschaft, die nur an wenigen Stellen Korrekturen durch den Menschen erfuhr. Um die Ursprünglichkeit zu erhalten, wurden jeweils 1000 Meter rechts und links der Wehra zum Bannwald erklärt – fast ein idealer Lebensraum für die hier lebenden Gemsen, Rehe und Hirsche.

Todtmoos: Wallfahrtsort; Hundeschlitten- und Tourismuszentrum

Hinter dem Hirschfelsen verbreitert sich die enge Schlucht zum in der Eiszeit entstandenen Gletschertal. Kleinere, aber schon alte Vororte künden den Hauptort dieses Talabschnittes an: Todtmoos.

Wem der Ortsname geläufig ist, der bringt sogleich die Begriffe »Urlaub/Kur« und »Wintersport« damit in Verbindung. Doch wie war es möglich, daß aus einem Waldsumpf mit giftigen Dämpfen, daß aus dem »Toten Moos« ein heilklimatischer Kurort entstehen konnte, der die Gäste in Scharen anzieht?

Obwohl über die Anfänge von Todtmoos schriftliche Aufzeichnungen ab 1260 vorliegen, muß zur Beantwortung der Frage die Legende bemüht werden, weil sie noch weiter in die frühere Zeit zurückreicht:

Dem Leutpriester Dietrich von Rickenbach erschien 1255 die Gottesmutter und gab ihm den Auftrag, einen Tellermacher aufzusuchen, der ihm eine mächtige Tanne auf dem Schönbühl zeigen werde, die gefällt werden müsse. Danach würden die giftigen Ausdünstungen des Mooses beendet sein. Als der Baum fiel, sank der Tellermacher als letztes Opfer der Dämpfe tot nieder. Wieder erschien Maria dem Leutpriester mit einem Befehl: Am ehemaligen Standort der Tanne, an dem der Tellermacher gestorben war, solle eine hölzerne Kapelle errichtet und ihr Bild darin aufgestellt werden. Nachdem die Kapelle fertig war, kam durch ein Wunder das Gnadenbild hinein. Später schenkte Rudolf von Habsburg der Kapelle den Wald jenseits der Wehra.

Der Leutpriester ist urkundlich nachgewiesen, die Kapelle mag bestanden haben, die Schenkung bestätigte 1267 Walther von Klingen an den Konstanzer Bischof Eberhard II. und die Deutschordens-Kommende Beuggen; beide Beschenkte mußten sich verpflichten, in »Totmuos« eine Kirche zu bauen. Dieses steinerne Gebäude ersetzte 1268 den Holzbau und wurde gleichzeitig Pfarrkirche. 1319 erhielt sie das Kloster St. Blasien als Geschenk.
Die Kirche erfuhr viele Um- und Erweiterungsbauten, 1625 bis 1632 wurde sie durch einen Neubau ersetzt. Das Gnadenbild Marias thront heute auf dem Hochaltar; Wallfahrten zu ihm sind schon seit dem Mittelalter bekannt. Oft kamen die Pilger von weit her, wie etwa aus den Städten Freiburg und Basel, aber auch aus dem Breisgau, dem Elsaß und dem Klettgau. Die größte Wallfahrt mit 1000 Pilgern und 22 Priestern ist aus dem Jahre 1439 überliefert, als der Basler Rat wegen der wütenden Pest für die Bürger der Stadt eine Wallfahrt nach Todtmoos anordnete.
Die Prozessionen zogen über bestimmte Pilgerstraßen und brachten praktisch die ersten Touristen – allerdings aus frommem Anlaß – nach Todtmoos. Den Einwohnern, die hauptsächlich Köhlerei und Holzfällerei betrieben, erschloß sich mit Beherbergen und Verköstigen der Fremden eine zusätzliche Einnahmequelle.
Aus den Pilger-Herbergen entwickelten sich mit der Zeit Hotels oder Pensionen, die den aufkommenden Kurbetrieb außerordentlich förderten. Das war nötig, denn die Heimarbeit mit Handweberei und der Herstellung von Holzwaren brachte, ähnlich wie in den beiden Wiese-Tälern, den Menschen oft nur das Existenzminimum. Deshalb kamen die adeligen, gut situierten Gäste, unter denen vor dem Erste Weltkrieg auch russische Fürsten vertreten waren, gerade recht. Wie international das Publikum war und wie vornehm es anreiste, geht aus der Kurliste im Juli 1910 hervor, in der »Geschäftsreisende und Beamte nicht angegeben« sind:

Frl. Raya Zibly, Rußland;
Herr Rudolf Horwitz mit Bedienung, Genua;
Herr Direktor R. Steiger mit Pflege, Freiberg i. Sa.;
Frl. O. Abdouchely, Kontais (Rußland);
Herr Sklowsky, Cherson-Rußland;
Frl. von Stebnitzky, St. Petersburg;
Frl. Margot Laurisch, Goerlitz;
Frau Baronin von Doernberg, Münster;
Fr. Therese Straubinger, Badgastein;
Frau Anna Wallner, Badgastein.

Die einst weltbekannten »Lungen-Kuren« erforderten nach Rückgang der Tuberkulose eine Umstrukturierung zum heilklimatischen Kur- und Urlaubsort. Im Zuge dieser Entwicklung entstand auch 1978 das Kurhaus »Wehratalhalle«, Herzstück des Kurbetriebes in Todtmoos.
Und der Wintersport? Mögen Länge der Loipen und Abfahrten, Anzahl der Lifte und Rodelbahnen auch von anderen Wintersportorten übertroffen werden – in einer Attraktion läuft niemand Todtmoos den Rang ab: den Schlittenhunde-Rennen am vorletzten oder letzten Januar-Wochenende.
Bescheiden, mit 13 Gespannen und 500 Zuschauern hatte es 1975 begonnen.

Die Wehra nahe Todtmoos-Au

Sechs Jahre nach der Premiere fand das Todtmooser Ereignis Eingang in das Guinessbuch der Rekorde, denn: 156 Gespanne mit 1000 Hunden aus 8 Nationen bei 20 000 Zuschauern – das hatte es zuvor noch nie gegeben.
Inzwischen ist das »Mekka des Schlittenhundesportes« in Europa so beliebt geworden, daß Teilnehmer-Beschränkungen eingeführt werden mußten. Zwar wurden die Rekordzahlen 1987 nicht mehr erreicht, als 185 Gespanne »nur« 10 000 Zuschauer anlockten, doch für die Gemeinde fielen immerhin dreiviertel Million Mark Umsatz ab.
Kritik, der Sport aus Alaska passe nicht in den Schwarzwald und es sei ein Fremdsprachen-Studium erforderlich, um zu verstehen, was »Husky«, »Musher«, »Trail«, »Pulka« und einige andere Fachtermini bedeuteten, ist nicht angebracht, schließlich wurde auch der Skisport nicht dort erfunden, wo er heute ausgeübt wird.
Kritik vom Naturschutz wird allerdings ernst genommen, im Januar 1987 wurde die Todtmoos-Loipe aus einem Bereich herausgenommen, in dem Auerwild lebt, und die Loipenlänge von 12,5 Kilometer auf 11 Kilometer verkürzt.
Hinter Todtmoos schlängelt sich die Wehra zwischen Berglewald und Ibacher Kreuz dahin, bis zu ihrer Quelle – 25 Kilometer von der Mündung entfernt – ist es nun nicht mehr weit. Die Autostraße führt fast bis an den Ursprung des Flusses, doch die gesamte Strecke von hier bis zur Mündung (oder umgekehrt) kann und sollte auch auf den markierten Wanderwegen erkundet werden.

Herbstliche Weidbuchen bei Stadel

Blick von Häg ins Angenbachtal

Spiel von Licht und Schatten bei Ehrsberg

Alpensicht vom Hohkelch

Oberhalb von Schweigmatt schweift der Blick nach Südwesten

Baumfiligran bei Scheuermatt

Den Hochrhein hoch

Eine Stadt, zwei Namen

Unterschiedliche Gegenden haben Wiese und Rhein durchflossen, bevor sie aufeinandertreffen. Von Basel an stromaufwärts hat der Rhein, der in diesem Abschnitt die Vorsilbe »Hoch« trägt, seit Mitte des 15. Jahrhunderts die Aufgabe, die Grenze zwischen deutschem Gebiet und der Schweiz zu bilden. Fast wäre es 1468 ganz anders gekommen, als sich die Eidgenossen und der Herzog von Österreich befehdeten, und fast wäre der Rhein auch auf dieser Strecke ein Schweizer Fluß geworden. Die Eidgenossen hatten nach und nach den Hotzenwald erobert, die Waldleute von Remetschwil vertrieben und waren bis Häusern vorgedrungen. Waldshut belagerten sie vergeblich sechs Wochen lang. Die nicht so gut geschützten Orte der Einungen Birndorf und Dogern und der Herrschaft Gurtweil gingen zum Teil oder ganz in Flammen auf. Nur eine Geldsumme des Abtes von St. Blasien konnte die Eindringlinge bewegen, den Hotzenwald zu räumen, fast wäre er damals eidgenössisches Territorium geworden.

»Carantiacum«, Hof des Carantius, war der Siedlungsname für das heutige Grenzach, der ersten deutschen Stadt auf dem Abschnitt »Basel – Waldshut«. Die Römer saßen zunächst auf dem linken Rheinufer. Colonia Augusta Raurica hieß damals das Provinzstädtchen, das so großzügig ausgestattet war, daß

Rheinfeldener Rhein

Wissenschaftler, Neugierige und ganze Schulklassen noch heute staunen, wenn sie die ausgegrabenen Reste im heutigen Kaiseraugst besuchen. Da gab es ein Theater mit Sitzreihen für 10 000 Zuschauer, ein großes und ein kleines Forum, einen Hof mit Läden, Säulen-Umgängen und Terrassen, zwei luxuriöse Bäder, sechs Meter breite geschotterte Straßen, überdachte Gehwege und eine sechseinhalb Kilometer lange Wasserleitung, sowie hohe Abwasserkanäle, durch die man z. T. noch heute gehen kann. Der Rhein bildete zwar ein Hindernis, für die Römer aber kein unüberwindliches, und da sie nicht vom Wasserweg abhängig sein wollten, verbanden sie schon im ersten nachchristlichen Jahrhundert beide Ufer durch eine Brücke. Noch heute stehen Grundmauern des Brückenkopfes.

Daß sich die Römer auch auf dem rechten Ufer niederließen, beweisen die immer häufiger auftretenden Funde von Villen und Gutshöfen. Auch in Grenzach kam vor einiger Zeit eine Römervilla ans Tageslicht. Wer heute in der Stadt mit den zwei Namen weilt, benötigt schon eine gute Portion Vorstellungskraft, um sich gedanklich in die Anfänge von Grenzach-Wyhlen zurückzuversetzen.

Vor den Römern waren bereits Kelten hier ansässig gewesen, ihre Spuren haben sie in Form von Bronzearmbändern aus der sogenannten Latènezeit (um 450 v. Chr.) zurückgelassen.

Nach den Söhnen Roms kamen im 4. Jahrhundert die Alamannen. Sie nannten die vorhandenen römischen Villen »ze vilon«; aus dieser Bezeichnung soll sich der Name »Wyhlen« entwickelt haben. Vom Mittelalter an waren Grenzach und Wyhlen durch eine Landesgrenze getrennt: der nördliche Teil Grenzachs gehörte zur Markgrafschaft, der südliche sowie Wyhlen zu Vorderösterreich. 1741 wurde auch der österreichische Teil Grenzachs markgräflich; 1806 schließlich kam auch Wyhlen an Baden. Erst 1975 wurden beide Gemeinden zu einer Stadt zusammengeschlossen.

Eine nicht so alte Einrichtung wie die Grenzacher Römervilla ist aus Wyhlen bekannt. In einer Urkunde aus dem Jahre 1301 ist auf der dortigen Gemarkung ein Wolfs-Galgen erwähnt, der danach bis 1655 mehrfach schriftlich dokumentiert ist. Nach Meinung von Ernst Christmann wurden Wölfe früher an eigens zu diesem Zweck errichteten Galgen aufgehängt, um ein Strafgericht zu vollziehen. Inzwischen sind eine Reihe von Wolfs-Galgen bekannt, doch der von Wyhlen ist der älteste urkundlich belegte. Solche Galgen scheinen nicht nur im deutschen Südwesten ziemlich verbreitet gewesen zu sein, denn auch in der Schweiz wurden einige nachgewiesen. Ein weiterer am Hochrhein wird 1539 an der Gemarkungsgrenze von Bettingen zu Wyhlen erwähnt.

Wölfe scheinen im hiesigen Raum sehr verbreitet gewesen zu sein, nicht nur von ihren Überfällen ist in alten Urkunden und überlieferten Geschichten zu lesen und zu hören, auch viele Flurnamen erinnern noch immer an sie.

Ein lohnender Abstecher nach Inzlingen, zu dem aus einer mittelalterlichen Wasserburg hervorgegangenen Schloß. Sein Rundturm stammt noch von der alten Burg der Reichensteiner, die ab dem 16. Jahrhundert dauernde Bewohner des Schlosses waren, jedoch schon 1394 in Inzlingen Einfluß ausübten.

Grenzacher Buchswald

Winterliche Ruhe über dem Grenzacher Altrhein

»Scherenschnitte«: Bäume und Technik

Flußkraftwerk Grenzach-Wyhlen. Postkarte (1912)

Flußkraftwerk Grenzach-Wyhlen, 76 Jahre später

Zwei Städte, ein Name

Aus dem lieblichen Tal mit seinem Wasserschloß zurück an den Rhein! Herten und Warmbach sind die nächsten Besuchsstationen.
Wer betuliche Dörfer erwartet, wird enttäuscht, denn die Industrie hat den günstigen Standort genutzt und sich auch in den heutigen Stadtteilen von Rheinfelden niedergelassen.
Ein großes chemisches Werk hat sich in Herten angesiedelt, einem Platz, an dem in prähistorischer Zeit die Menschen in den »Nagelfluh«-Höhlen Unterschlupf gesucht haben. Die Römer hatten hier Gutshöfe angelegt, um die Colonia Augusta Raurica auf dem anderen Ufer mit Nahrungsmitteln zu versorgen. Und auch den Alamannen sagte die Gegend zu, vom Ende des 5. Jahrhunderts bis Anfang des 8. Jahrhunderts belegten sie einen Friedhof mit mehr als 300 Gräbern, der auf dem Gelände der Müllzerkleinerungs-Anlage ausgegraben wurde.
Eine lange Historie schützt nicht davor, einmal Stadtteil eines anderen Ortes zu werden, wie es Herten, Warmbach und einer Anzahl anderer Gemeinden erging. Das Dorf Warmbach war sogar Geburtshelfer der Stadt Rheinfelden, die 1922 aus den Gemeinden Nollingen und Warmbach entstand. Den Namen übernahm man von der Stadt auf der linken Uferseite und nannte sich zur Unterscheidung im Anfang »Badisch Rheinfelden«.
Die Schweizer Schwester ist allerdings schon 850 Jahre älter, über den Fluß hinweg ist sie durch eine Brücke mit Rheinfelden (Baden), wie es heute heißt, verbunden.
Bedeutend für die Entwicklung von Rheinfelden war der Bau des Flußkraftwerkes, des ersten in Europa, das 1898 seinen Betrieb aufnehmen konnte und heute das Gebiet von Auggen bis zum Feldberg, von Weil am Rhein bis Bad Säckingen mit Strom versorgt. Die alte Anlage soll durch eine neue, 500 Millionen DM teure, ersetzt werden, die – bei rechtzeitiger Einleitung eines Planfeststellungsverfahrens – frühestens im Jahre 2003 Strom liefern könnte. Obwohl nach dem Zweiten Weltkrieg wichtige Industrie-Anlagen demontiert wurden, prägen die Produkte der chemischen Industrie, des Maschinen- und Metallbaus und der Aluminiumindustrie das Gesicht der Stadt, so bekannte Namen wie »Degussa« und »Dynamit Nobel« gehören mit dazu.
Wer die ausgedehnten Industrieanlagen passiert hat, wird es kaum für möglich halten, daß hier so kontrastreiche Stadtteile wie Minseln oder Nordschwaben bestehen können. Minseln, das älteste Dorf auf dem Dinkelberg, ist in eine Talsohle mit Wiesen, Wäldern und Feldern eingebettet, wo Spuren von Römern und Alamannen gefunden wurden. Über dem Dorf Nordschwaben ragt die Hohe Flum empor, mit 535 Metern die höchste Erhebung im Dinkelberg-Gebiet.
In der Umgebung von Nordschwaben sind besonders viele Dolinen zu entdekken, darunter das südlich des Dorfes gelegene »Teufelsloch«. Auf dem Dorffriedhof steht die alte St. Mauritius-Kapelle mit Wandfresken, die um 1500 entstanden sind. Nordschwabens Wappen mit der grünen Tanne weist auf die frühere Zugehörigkeit zur Grafschaft Hauenstein hin – und dieser Hinweis soll Veranlassung sein, sich weiter rheinaufwärts zu begeben.
Der nächste Halt, Karsau, liegt noch auf der ausgedehnten Gemarkung von Rheinfelden. Hier lohnt ein längerer Besuch des Deutschherren-Schlosses Beuggen. Schon die herrliche Lage über dem Rhein vermag zu entzücken, wieviel mehr erst können es die Details!
Der erste Bau wurde 1268 seiner Bestimmung übergeben, in ihm sind Kapitel- und Rittersaal, noch mit den ursprünglichen Stützen und Balken.
Von 1752 bis 1757 entstand unter J. C. Bagnato ein prächtiger Bau mit Karyatiden-Portal, einem geschnitzten Geländer im Treppenhaus und einem Festsaal, der heutzutage für Konzerte genutzt wird. Bagnato war es auch, der die mittelalterliche Kirche erneuerte, in der sich ein bemerkenswertes Deckengemälde von Fr. Ludwig Hermann befindet.

Zur Zeit der Reformation ergab sich für Beuggen folgendes Kuriosum: Am 21. Januar 1318 hatte die Deutschordens-Kommende von Rudolf von Wielading den Hasler Besitz und den halben Kirchensatz für 33 Mark Silber erworben. So behielt das Ordenshaus trotz der reformierten Gemeinde die mit dem Kirchensatz verbundenen Zehntrechte und das Recht, den Pfarrer einsetzen zu können. Als die jetzige Kirche gebaut wurde, erklärte sich Beuggen zwar für den Chor zuständig, wollte aber vom Turm nur das Dach bezahlen. Die Göttinger Fakultät entschied jedoch, daß der gesamte Turm zu bezahlen sei; so kam es, daß über dem Turmeingang noch heute das Ordenskreuz zu sehen ist. Die mit einer halbkreisförmigen Ringmauer umgebene Schloßanlage war zusätzlich noch durch einen Wassergraben gesichert, dessen Form noch gut zu erkennen ist. Erhalten hat sich auch der ehemalige Schiffsanlegeplatz, an dem Rudolf von Habsburg an Land ging, um mit dem Bischof von Basel Frieden zu schließen.
Würde das Projekt eines neuen Flußkraftwerkes Rheinfelden verwirklicht, müßte Schloß Beuggen – nur wenige hundert Meter flußaufwärts vom geplanten Kraftwerk entfernt – mit Stützmauern und Drainagen vor dem Wasser geschützt werden, da eine Produktionssteigerung des Werkes auch durch Anheben des Rheinpegels um 1,50 Meter erreicht werden soll.
Weiter rheinaufwärts, beim Bahndamm Riedmatt, liegt der Eingang zur 500 Meter langen Tschamber-Höhle. Ein weiteres besuchenswertes Denkmal ist an Schwörstadts Römerstraße zu finden, der »Heidenstein«. 3000 Jahre alt soll die Grabkammer gewesen sein, deren Seitenwand hier aufgestellt worden ist. Die zweieinhalb Meter hohe Platte hat ein ovales Loch, um der Seele die Möglichkeit zum Entfliehen zu geben.

◁
Hochrhein – Herbst

△
Naturschutzgebiet Altrhein

◁
Fliegender Edelstein: der Eisvogel

Zwei Männer einer Stadt

Zwei Männer waren für Säckingen von Bedeutung; über das Leben des einen ist nur wenig bekannt, den anderen hat es nie gegeben. Hier die reale Gestalt des irischen Mönches Fridolin, dort die Kunstfigur des Trompeters von Säckingen. Legte der eine bei der von Alamannen gegründeten Siedlung den christlichen Grundstein zur Stadt, so sorgte der andere als fiktive Figur dafür, sie bekannt zu machen.

Um die Wende des 5./6. Jahrhunderts gründete Fridolin auf einer ihm von Kaiser Chlodwig geschenkten Insel im Rhein ein Doppelkloster, von dem das Männerkloster einging, während das adlige Frauenstift bis zum Reichsfürstentum aufstieg und durch Schenkungen der Karolinger und Merowinger große Reichtümer erwarb.

Dem heutigen Fridolins-Münster, 1678 barock und Mitte des 18. Jahrhunderts in der jetzigen Form gestaltet, gingen mehrere Kirchenbauten voraus. So der des 923 von den Hunnen zerstörten Doppelklosters, sowie Nachfolgebauten, die durch Brände und Kriegseinwirkungen zugrunde gingen.

Teile des Meßgewandes von Fridolin und seine Reliquien überstanden Kriege und Brände, jetzt ruhen sie im Münster in einem Schrein aus dem Jahre 1764. Auch die Stadt selbst, die um ihren Mittelpunkt, das Münster, herangewachsen war, litt häufig unter den Wirren der Zeit.

Trompeterfigur im Schloßpark von Bad Säckingen

Urkundlich wurde »Seckinga« 878 zum ersten Male erwähnt, 1250 erhielt der Ort das Stadtrecht, 22 Jahre später brannte er völlig nieder.
Die ältesten Häuser Säckingens sind in der malerischen Fischergasse zu finden, und von der alten Befestigung aus der Zeit um 1340 ist der Gallusturm erhalten geblieben.
Nicht immer gehören die ehemalige Residenz der Fürstäbtissin und der Hallwyhler Hof, einst Besitz des Deutschritterordens, zum »Sigthseeing-Programm« der Besucher – aber in jedem Fall das Trompeterschloß.
Die von Joseph Victor von Scheffel erfundene Gestalt des Trompeters, eines Säckinger Bürgersohnes, in den sich die adelige Schönauerin verliebt, scheint für viele Touristen lebendiger als die historisch verbürgten Menschen Säckinger Geschichte zu sein.
Säckingen wurde durch die rührselige Geschichte Scheffels, der beim Bezirksamt der Stadt beschäftigt war, in der ganzen Welt bekannt. Das Lied »Behüt dich Gott! Es wär' so schön gewesen« ist Allgemeingut geworden, und so ist es erwartete Selbstverständlichkeit, daß die Touristen sonntags die Weise, von einem historisch gekleideten Trompeter geblasen, hören können. Das sogenannte Trompeterschloß hatten die Herren von Schönau-Säckingen um 1500 erbauen lassen.

Deckengemälde des Fridolin-Münsters in Säckingen

Die Säckinger Holzbrücke (1570–81)

Nur wenige Schritte sind es vom Schlößchen durch den Schloßpark zur Rheinpromenade und zum Rhein. Durch eine schöne alte Holzbrücke (die längste gedeckte Europas) ist Säkkingen über den Fluß hinweg mit Stein in der Schweiz verbunden, von wo aus die Stadt ihre schönste Seite zeigt. Die sieht der Autofahrer nicht, der auf der ausgebauten Straße oder der Betonbrücke die Strecke zwischen den beiden Ortsschildern passiert und der sich Säkkingen »eigentlich ganz anders« vorgestellt hatte. Er ahnt auch nichts vom nahen Bagersee am Eggberg, einem idyllisch gelegenen Waldsee, der den Wanderern jedoch gut bekannt ist.
Nicht alleine Scheffels »Trompeter«, sondern auch die Quellen machten Säkkingen bekannt, das ihretwegen seinem Ortsnamen die Bezeichnung »Bad« voranstellen darf. Moderne Kurmittelhäuser, Mineral- und Thermalbäder wurden für die vielen Gäste errichtet, die hier Linderung ihrer rheumatischen Beschwerden oder ihrer Durchblutungsstörungen suchen; sogar eine überregionale Fachklinik für Lymphologie ist in Bad Säckingen vorhanden.
Mag auch den meisten Gästen Säckingens der Trompeter bekannter als der irische Mönch sein – das Verdienst Fridolins um die von der alamannischen Siedlung zum Heilbad aufgestiegenen Stadt schmälert dieser Umstand nicht. Von Scheffel hat in seinen Schriften dem Klostergründer die ihm zustehende Würdigung nicht versagt: »... und können füglich ... in Säckingen, der Stadt des irischen Apostels Fridolinus, deren Mauern und Türme sich anmutig im Rhein abspiegeln, Einkehr nehmen. Und so wir dorten an einem schönen Sonn- oder Feiertag, etwa am Fest des heiligen Fridolinus, der als Patron der Gegend weitum in hoher Verehrung steht, ...«

Ins wundervolle »Elendsthal«

Enge Beziehungen zum Stift Säckingen pflegte der von dort aus nur wenige Kilometer stromaufwärts gelegene Ort Murg. Er trägt den gleichen Namen wie das Flüßchen, das hier in den Rhein mündet und eine namensgleiche Schwester im nördlichen Schwarzwald hat.
Wenn die immer wiederkehrenden Namen auf ein hohes Alter der zuerst damit belegten Gegenden, Gewässer und Orte hinweisen, so gilt das für Murg ganz besonders, denn schon vor unserer Zeitrechnung siedelten hier Menschen, wie Funde belegen.
Urkundlich erscheint der Name des Ortes zum ersten Mal im 13. Jahrhundert. Zu Ende des gleichen Jahrhunderts werden schon zwei Hammerwerke erwähnt, Anfang einer gewerblichen Entwicklung, die sich nach dem Bau der Eisenbahn verstärkte und sich mit der Gründung eines Textil-Unternehmens 1856 bis in die heutige Zeit hinein fortsetzte. Zum Erliegen sind allerdings die alten Gewerbe der Fischerei und Flößerei gekommen, die für lange Zeit der einheimischen Bevölkerung den Lebensunterhalt verschafften.
Wenn bei Murg das Flüßchen gleichen Namens seinen Lauf beendet, hat es von seiner Quelle bei Lochhäuser nur eine Strecke von 18 Kilometer zurückgelegt, dabei jedoch ein Schluchtental voll wilder Schönheit durchflossen, das es vor Urzeiten einst selbst geschaffen hatte.
Was die heutigen Menschen in Entzücken versetzen kann, bewerteten ihre Vorfahren als großen Nachteil: sie konnten in der Unzugänglichkeit, Unberührtheit und Verlassenheit des Tales nichts Schönes sehen, verfielen nicht in romantische Schwärmerei, sondern bezeichneten die acht Kilometer lange Schlucht als »Elendsthal« und freuten sich, als 1896 eine schmale Straße gebaut wurde.
Wenn der heutige Wanderer über solche Ansichten früherer Menschen den Kopf schütteln sollte, möge er bedenken, daß eine unwegsame Gegend für die damaligen Bewohner des Tales zusätzliche Mühsal in einem an sich schon entbehrungsreichen Leben bedeutete. Zum Wochenende oder in den Ferien läßt sich gut auf angelegten Wanderwegen die »wilde Romantik« genießen und preisen.
Den Gegensatz zwischen den Zuständen vor und nach dem Straßenbau faßte 1893 S. Pletscher in folgende Verse:

Raufelsig, weglos, schroff und schmal
Dies Engthal hieß »das Elendsthal«.
Nun wanderst du bequemen Weg:
Dich leiten Tunnel, Brück' und Steg.

Schroff und schmal gibt sich das Murgtal in seiner Schlucht noch heute. Ein zwölf Meter hoher Wasserfall, der »Strahlbrusch«, oberhalb der Mündung des Seelbaches in die Murg unterstreicht noch das imposante Bild und auch die rauhen Felsen sind noch vorhanden, steil ragen sie zu einer Höhe empor, die ein Zehnfaches jener des Wasserfalles erreicht.
Schon seit Jahrhunderten werden die Wasser der Murg als Energiequelle genutzt. Das Flüßchen beliefert die alten Einrichtungen des Hochsaler und des Hänner Wuhr, die bis zum heutigen Tag noch ihren Zweck erfüllen. Dagegen ist ein Staubecken mit zugehörigem Elektrizitätswerk von 1910 schon verfallen, das Hotzenwaldwerk hat – mit entschieden höherer Leistung – ihre Funktion übernommen.
Weitere Zeugen menschlichen Schaffens sind die Lochmühle und die Ruine der gegen Ende des 12. Jahrhunderts erbauten Burg Wieladingen. Ursprünglich vom Stift Säckingen mit dem Meieramt belehnt (1240 wird ein Rudolf von Wieladingen als »Kleinmeier« erwähnt), erhielten die Wieladinger schließlich die Ritterwürde. Doch ebenso rasch, wie sie zu Ehren kamen, war auch ihr Niedergang: Das Meieramt mußte an Säckingen zurückgegeben werden, und der Letzte des Geschlechtes soll als wüster Raubritter für Unruhe in der Gegend gesorgt haben.
Nach den Wieladingern wurde die Burg Besitz verschiedener Herren, bis sie etwa um die Mitte des 16. Jahrhunderts zu verfallen begann. Zwischen dem anderen alten Gemäuer weist der Quaderturm jedoch noch heute die stattliche Höhe von ungefähr 25 Metern auf. Über dem Burgtor soll bis 1925 noch das Wappen der Ritter von Wieladingen – drei Geigen im dreieckigen Schild – zu erkennen gewesen sein.
Da die Ruine, die im allgemeinen Sprachgebrauch auch »Harpolinger Schloß« genannt wird, unter Denkmalschutz gestellt worden ist, wird sie noch lange die Erinnerung an ein kurzes Stück der jahrmillionen alten Geschichte des Murgtales wachhalten.

Wohltuende Frische während der Wanderung auf dem Murgtal-Sträßchen

Im idyllischen Murgtal: Fast noch unverbrauchte Natur

Im Rheintal
östlich von Bad Säckingen

Getrennte Stadt – zusammengefügte Städte

Stromschnellen werden im Alemannischen als »Laufen« bezeichnet, deshalb ist der Ortsname »Laufenburg« in zweifacher Hinsicht richtig, beides war vorhanden: die störenden Felsbarrieren im Flußbett und zwei Burgen.
Sebastian Münster gab 1544 in der »Cosmographia« eine anschauliche Schilderung der Situation: »Der Rhein fließt hier sehr eng vorbei ... Man muß die Schiffe mit Tauen den Felsen entlang ziehen ... das Wasser tost ungestüm ...«
Matthäus Merian äußerte sich hundert Jahre später (1644) ähnlich: »Hier ist der kleine Lauf oder Wasserfall des Rheins, der nicht so groß ist wie der bei Schaffhausen. Der Rhein ist an diesem Ort zwischen den Felsen gleichsam eingeschlossen, so daß er ganz nahe zwischen zwei Jochen hindurch mit großem Rauschen und Getöse zwischen und über die Felsen hinläuft, weshalb man die Schiffe oberhalb auszuladen und an Seilen durchzulassen pflegt ...«
1908, als hier das Kraftwerk gebaut wurde, beseitigten Sprengungen die Felsriegel im Rhein. Auch die Burgen, Anlaß zum zweiten Teil des Ortsnamens, sind nicht mehr vorhanden. Nur noch eine Ruine blieb vom einstigen Sitz der Grafen von Habsburg-Laufenburg, der sich an der Stelle eines ehemaligen römischen Wachturmes erhoben hatte, während von der Mitte des 11. Jahrhunderts erbauten und von den Herren von Ofterdingen bewohnten rechtsrheinischen Burg keine Spuren mehr zu entdecken sind.
Die Habsburger waren am Ausbau des Ortes maßgeblich beteiligt gewesen, bevor sie ihn den Grafen von Laufenburg als Lehen übergeben hatten.
Zum ersten Mal wird Laufenburg 1207 erwähnt, doch dauerte es noch über hundert Jahre, bis es Stadtrecht erhielt. Im Mittelalter hatten die meisten Einwohner sich zum Bestreiten ihres Lebensunterhaltes auf den Fluß ausgerichtet: Fischfang, Flößerei und Schifffahrt waren damals die vorherrschenden Tätigkeiten. Es existierten aber auch schon einige Hammerwerke.
Nach einer wirtschaftlichen Blütezeit im 15. und 16. Jahrhundert setzte der Niedergang ein, der seinen tiefsten Punkt erreichte, als im Frieden von Lunéville die Stadt eine Trennung in einen badischen und einen Schweizer Teil hinnehmen mußte. Ob die Einheit vorher so stark gewesen war, wie es heute anmutet, darf bezweifelt werden, ist doch in Sebastian Münsters »Cosmographia« weiter zu lesen: »... umfaßt zwei Städte, die kleinere davon liegt auf der germanischen Seite, die größere auf der gallischen ...« Wie ein Witz der Geschichte mutet es an, daß 1801 durch den Entscheid Napoleons aus einer Stadt zwei neue entstanden, während in unserem Jahrhundert durch Eingemeindung aus zwei Städten eine gemacht wurde, denn Hauenstein, die einst kleinste Stadt Deutschlands – 1962 nur 177 Einwohner und 38 Häuser – kam als Stadtteil an Laufenburg.
Leider reiht sich heute auf der B 34, die Hauenstein durchzieht, ein Auto hinter das andere, und die Gedanken mancher Autofahrer mögen neidisch über den Rhein und die Grenze in die Schweiz wandern, wo ein autobahnähnlicher Straßenausbau den Verkehr erleichtert. Trotzdem ist der schwebende Plan einer Hochrhein-Autobahn nicht nur aus Gründen des Umweltschutzes abzulehnen, haben doch Verkehrszählungen ergeben, daß schon ein Ausbau der bisherigen Straße ausreichen würde, das jetzige Problem zu lösen. Auf den Eisenbahngleisen ist inzwischen schon eine Entspannung eingetreten: das 55 Kilometer lange Streckenstück zwischen Basel und Waldshut wird statt bisher von acht inzwischen von 60 Zügen pro Tag befahren.
Obwohl die ehemalige Stadt außer dem Superlativ, die kleinste Deutschlands gewesen zu sein, einen weiteren besitzt, nämlich das Attribut »Einzige Stadt der Hotzenwälder Einungen«, steht der Begriff »Hauenstein« eher für das damit bezeichnete Land oder die Burg.
60 Meter über dem Ort lag einst die schon 1108 vorhandene Burg, die 1503 niederbrannte und nie mehr aufgebaut wurde. 1290 wird Rudolf von Habsburg als Eigentümer genannt. Dem letzten regierenden Grafen von Habsburg-Laufenburg, Johannes IV., war

von der älteren Habsburger Linie die »Feste Hauenstein mit dem Schwarzwald und ihr Zugehörung« pfandweise überlassen worden. Johannes stellte am 17. September 1396 seinen Untertanen einen Brief aus, der sie für die Gegenwart und die Zukunft in ihren bisherigen und damaligen Rechten bestätigte. Dieser Revers sollte später für die Salpeterer Anlaß sein, »ihr Recht« zu fordern, das ihnen der »gute Graf Hans« verbrieft hatte. Obwohl dem Grafen das Pfand nur für einen bestimmten Zeitraum überlassen worden war, wurde das Gebiet seitdem als »Grafschaft Hauenstein« bezeichnet, in Wirklichkeit ist es nie eine richtige Grafschaft gewesen.

Laufenburg, auf deutscher und . . .

1806 fiel das Hauensteiner Land, das fast genau mit dem Gebiet des Hotzenwaldes identisch war, an Baden. Obwohl im 19. Jahrhundert durch von Scheffel die Bezeichnung »Hotzenwald« aufkam, setzte sich der Begriff nur langsam durch; 1834 schrieb Josef Bader noch (in »Der Schwarzwald«): »Man nennt diesen ganzen Landstrich das Hauensteinische, und er enthält zum Theil den rauhesten Schwarzwald, zum Theil die mildeste Rheingegend.«

Wo die Alb in den Rhein mündet, liegt die Stadt Albbruck. Hier gründeten 1681 Schweizer Unternehmer ein Eisenwerk, das fast zweihundert Jahre bestand. Heute weist die beachtliche Industrie des Ortes eine Papierfabrik und eine Eisengießerei auf. Außerdem ist, wie bei allen großen Städten am Hochrhein, auch bei Albbruck ein Kraftwerk errichtet worden.

... auf Schweizer Seite

Land der Hotzen

Romantische Fels- und Flußszenerie

Das Gefühl, eine vor nicht einmal 150 Jahren fast noch völlig unpassierbare Gegend durchfahren zu können, verführt vielleicht dazu, die vielgepriesene Schönheit und die wilde Romantik des Albtales vom Auto aus zu erleben. Doch sollte wenigstens an den Punkten der herrlichen Ausblicke oder zu den Einstiegen in erwandernswerte Strekken die Fahrt unterbrochen werden.

Das Albtal ist ein Beispiel für die ehemalige Unzugänglichkeit des Hotzenwaldes. Die Schlucht wurde erst durch die von 1855 bis 1861 erbaute Straße erschlossen. Heute kann der Autofahrer bequem von Albbruck nach St. Blasien gelangen, ohne zu ahnen, daß die Straße in manchmal steil abfallende Felsen gebaut wurde. An sehr schwierigen Stellen mußte der Fels durchbrochen werden, so daß die Straße an fünf Stellen durch Tunnels geführt wird.

Wer die Strecke von 27 Kilometern erwandern will, dem bietet sich ein Weg an, der oft am oberen Rande der Schlucht, 80 Meter über dem Fluß, entlangführt.

»Die Helle«, »die Weiße« – das bedeutet der Name »Alb« – entsteht wie die Wiese aus zwei Schwesterflüssen, die aus Quellen am Feldberg und am Herzogenhorn gespeist werden. Es scheint, als könne keines der Hotzenwaldtäler auf eine Burg verzichten, und das Alb-

△
Albschlucht – Teufelsküche

▷
Die Gewalt des Wassers hat im Albtal Urgestein zu modernen Skulpturen abgeschliffen und . . . ein verirrtes Entenkücken

tal macht keine Ausnahme: Beim Ort Tiefenstein erhebt sich ein Hügel, auf dem im 13. Jahrhundert das angesehenste und begütertste Geschlecht der Gegend wohnte. Im Vergleich zu den ihm umgebenden hohen Bergen und auch im Vergleich zum Hohenstein (Howenstein = Hauenstein) trägt die kleine Erhebung ihren Namen zu Recht: Tiefenstein. Vor der mittelalterlichen Burg soll an dieser Stelle schon ein römischer Wachturm gestanden haben.

Das Schicksal der Herren von Tiefenstein läßt sich nicht lückenlos nachweisen, so daß die Sage einiges ausfüllen mußte. Es scheint jedoch so gewesen zu sein, daß die letzten Tiefensteiner Burgherren, zwei Brüder, wie viele Adlige ihrer Zeit, ihre Erbteile den Klöstern St. Blasien und Stein am Rhein vermacht haben. Der oft als milde und fromm dargestellte Rudolf von Habsburg muß darüber so erbost gewesen sein, daß er nach einer vergeblichen Belagerung der Burg, 1272, die Anlage zerstörte. Der letzte des Tiefensteiner Geschlechtes soll 1317 auf einem Leibgeding St. Blasiens verstorben sein.

Zwischen Tiefenstein und Neumühle erstreckt sich der romantischste Teil des Albtales, hier sind die Felsen zur Schlucht verengt. Autofahrer, die bis jetzt noch nicht ausgestiegen sind und in die Tiefe auf den Fluß geschaut haben, sollten es wenigstens beim Rappenfelsen tun, denn hier bietet sich ein grandioses landschaftliches Schauspiel, das von den Gletschern der Eiszeit inszeniert worden ist: die Teufelsküche und die Gletschermühlen. Hier liegen die Granitblöcke so wild durcheinan-

Teufelsküche

der, daß jeder gerne glaubt, hier hätten sich finstere Mächte eine Steinschlacht geliefert. Noch sind die sogenannten Strudeltöpfe zu erkennen, doch die Mahlkraft des Wassers hat ihr einst einmaliges Aussehen zerstört.

Der Name des kleinen Ortes Schmelze erinnert an ein bis ins letzte Jahrhundert betriebenes Hammerwerk. Und auch die Bezeichnung »Niedermühle« weist auf einen früheren Gewerbebetrieb, eine Lehenmühle des bläsischen Klosters, hin.

Niedermühle verlockt zu einem Abstecher in die regionale Geschichte: Hier war die Heimat jenes Kunz Jehle, den die Hotzen 1525 zu ihrem Hauptmann wählten, als sie während des Bauernaufstandes einen Zug gegen St. Trudpert im Münstertal unternahmen. Anschließend wandten sie sich St. Blasien zu, das sie zwei Tage besetzt hielten und es nur kurz verließen, um sich an der Belagerung von Radolfzell zu beteiligen. Dann kehrten sie zurück und plünderten das Kloster aus. Kunz Jehle sollte St. Blasien bald wiedersehen – als Gefangener der Österreicher, die den Aufstand niedergeschlagen hatten; kurz nach seiner Einkerkerung wurde Jehle bei Waldshut gehenkt.

Südlich von St. Blasien breitet sich das Speicherbecken des Albsees aus, und wenige Kilometer nördlich der einstigen Benediktiner-Niederlassung liegt die Glashofsäge, wo die beiden Flußschwestern der Alb zusammentreffen. Hier trennt sich das Albtal in die beiden Hochtäler von Bernau und Menzenschwand.

»Drachenkopffelsen«

Römer und Rodungsherren, Wasserkraft und Wirtschaft

Sie müssen einen ungeheueren Respekt vor dem »Silva Nigra« gehabt haben, die Söhne Roms. Waren sie sonst nie zurückhaltend, wenn es darum ging, neue Gebiete zu erobern, so wagten sie sich höchstens in den Schwarzwald, wenn es unbedingt erforderlich war, etwa, um eine Verbindungsstraße zwischen Rhein und Donau zu errichten. Im übrigen mieden die militanten Touristen das unwirtliche Gebiet, dessen karges Urgestein im Süden später einmal der Boden für einen florierenden Fremdenverkehr werden sollte.

Lange vor den Römern hat zwar die prähistorische Bevölkerung die von Bären, Luchsen, Hirschen, Rehen, Wölfen und Wildschweinen belebten Wälder zur Jagd genutzt, gesiedelt haben diese Menschen jedoch wahrscheinlich am Rhein.

Aufgrund seiner landschaftlichen Beschaffenheit war der Hotzenwald schon seit alten Zeiten außerordentlich schwer zugänglich: Im Westen das ungefähr 500 Meter steil abfallende Wehratal, im Osten die Felsenschluchten von Schwarza und Schlücht, und zum Rheintal hin eine Reihe von Felsabstufungen und ausgedehnte Wälder, die den Zugang erschwerten.

In der Eiszeit hatte das Land die letzte geologische Prägung erhalten: vom Feldberg her hatten der Albtal-Gletscher, vom Rhein her hatten alpine Eisströme das Land überlagert. Nach Rückzug des Eises blieb ein stark vertieftes Rheintal zurück, so daß sich die Zuflüsse in die Granite und Gneise des Grundgebirges hineinschnitten und die engen Schluchtentäler entstanden. Die heute durch Straßen erschlossenen wildromantischen, engen Täler, in denen Alb, Fohrenbach, Haselbach, Murg, Wehra, Schlücht und Schwarza fließen, waren in früheren Zeiten schier unpassierbar.

Als Folge vieler Niederschläge waren ausgedehnte Wälder und Moore entstanden, Landschaftsformen, die den Menschen der Frühzeit keine günstigen Voraussetzungen für Niederlassungen boten.

So behielt der Hotzenwald lange seinen ursprünglichen Charakter. Erst relativ spät begannen weltliche und geistliche Herren damit, das Gebiet urbar machen zu lassen und zu besiedeln.

Das erste erhaltene schriftliche Zeugnis vom Hotzenwald, eine Schenkungsurkunde, wurde am 28. Mai 814 ausgefertigt. Zu dieser Zeit hatte sich im Münstertal bereits ein beständiges Klosterleben entwickelt, sein Begründer, Trudpert, war bereits 200 Jahre tot; auch waren mehr als 300 Jahre vergangen, seit Chlodwig dem irischen Missionar Fridolin die Insel im Rhein geschenkt hatte, auf der nun die Krypta des Münsters entstand; vor genau 80 Jahren hatte ein Sigemar die von ihm gegründete Zelle dem Kloster Rheinau übergeben, die, mit Reliquien des heiligen Blasius ausgestattet, die Urstätte des nach dem Heiligen benannten Klosters wurde.

Anfangs waren es einige Adelsgeschlechter, von denen die Besiedelung des Hotzenwaldes vorangetrieben wurde, von ihnen waren die Herren von Tiefenstein die bedeutendsten. Die für das Geschlecht der Tiefensteiner rodenden Bauern erhielten das gewonnene Land als Besitz und zur freien Verfügung; diese »Freibauern« waren weder leibeigen noch hörig.

Am deutlichsten wurde die Geschichte des Hotzenwaldes von den Klostervögten St. Blasiens geprägt. Der bläsische Besitz setzte sich hauptsächlich aus Käufen und Schenkungen, weniger aus Rodungen zusammen. Dagegen war das Stift Säckingen schon an der ersten Ausbauperiode des Landes beteiligt gewesen, und da ihm kaum Schenkungen weltlicher Herren zufielen, konnte es seine Ländereien ausschließlich durch Rodungsarbeiten im südwestlichen Hotzenwald vergrößern.

Mit dem Urbarmachen und Besiedeln des Landes wurde jedoch keine Entwicklung eingeleitet, die – wie im Wiesental – zu wirtschaftlicher Blüte oder – wie im Land der Markgrafen – gar zu einem gewissen Wohlstand geführt hätte, denn die geologischen und klimatischen Verhältnisse des Hotzenwaldes boten zu viele negative Voraussetzungen. Das nur von einer dünnen Humus-

schicht überzogene Urgestein und das höher gelegene Ödland eigneten sich nicht für den Ackerbau und konnten nur als Weideland genutzt werden. Die Not war »auf dem Wald« ständiger Begleiter der Menschen, und der Begriff »Notstandsgebiet« war lange Zeit mit dem Namen »Hotzenwald« eng verbunden. Erst 1953 begannen sich die Verhältnisse grundlegend zu ändern, als mit dem »Notstandsprogramm Hotzenwald-Südschwarzwald« staatliche Hilfe in größerem Umfang einsetzte.
Nicht alleine die Unbill des Klimas und die Kargheit des Bodens waren für die Not des Hotzenwaldes ausschlaggebend gewesen, auch die schwierigen Zugänge und die dadurch bedingte Abgeschiedenheit des Landes waren dafür mitentscheidend.
Erst ab der Mitte des 19. Jahrhunderts wurde der Hotzenwald durch Straßen in weiterem Umfang erschlossen. 1850 entstanden die Wehratal-Straße und eine Verbindung von Säckingen über den Eggberg nach Norden, sowie 1861 eine Straße durch das Albtal und schließlich 1869 die durch das Murgtal.
Um diese Zeit wurde der Hotzenwald auch an das Eisenbahnnetz angeschlossen: 1856 wurde die Strecke »Basel–Waldshut«, 1863 die von Waldshut nach Konstanz in Betrieb genommen.
Eine grundlegende Veränderung erfuhr die Wirtschaft des Landes durch den Einsatz der Elektrizität, denn seit ihrer Einführung konnten die Maschinen mit elektrischem Strom angetrieben werden, ein Umstand, der zur Wiederbelebung der Heimarbeit am Webstuhl führte. Ab 1750 hatte sich der Hotzenwald zu einem Schwerpunkt der Textilindustrie im Land der Habsburger entwickelt; 1768 arbeiteten schon 2000 Spinnerinnen an 200 Webstühlen. Für die Leute »auf dem Wald« wurde die Heimindustrie zu einer wichtigen zusätzlichen Einkommensquelle; für die Unternehmer, meistens Schweizer Industrielle, waren die Kleinbauern billige Arbeitskräfte.
Die Napoleonischen Kriege ließen diesen Wirtschaftszweig zusammenbrechen, erst mit der Weiterentwicklung der Maschinenindustrie lebte er wieder auf. Der Erste Weltkrieg versetzte der Textilindustrie einen jähen Rückschlag, und die Weltwirtschaftskrise ließ die Heimindustrie vollends absterben.
Als es möglich wurde, über die Absatzgenossenschaft »Waldelektra« den Hotzenwald mit Licht und Energie aus dem Kraftwerk Rheinfelden zu versorgen, lebte die Heimindustrie wieder auf.
Wie in den früheren Jahren lieferte noch immer die Wasserkraft die benötigte Energie. Wasser treibt auch heute noch die Turbinen und Generatoren an, die den Strom für den Hotzenwald, inzwischen aber auch in das süd-westeuropäische Verbundnetz, liefern.
Das Bereitstellen von Licht und Energie machte allerdings die Anlagen von Stauseen und den Bau von Kraftwerken erforderlich.
Geschickt wird von der Schluchseewerk AG, die Betreiberin der Kraftwerksgruppen »Schluchsee« und »Hotzenwald«, das Gefälle zwischen Schluchsee und Rhein von 620 Metern ausgenutzt. Über die drei Stufen Häusern, Witznau und Waldshut fließt das Wasser vom Schluchsee zum Rhein und erzeugt am Tage hochwertigen Spitzenstrom. Um den Schluchsee wieder aufzufüllen, wird natürlicher Wasserzufluß gespeichert und nachts und an den Wochenenden Wasser aus dem Einzugsgebiet der unteren Staustufen und aus dem Rhein bei Waldshut mit kostengünstigem Nachtstrom wieder hochgepumpt. Dabei werden mit nur 1,7 Kilowatt-Stunden Überschußstrom 1 Kilowatt-Stunde hochwertige Tagesenergie gewonnen.
Alb, Mettma und Schlücht sind durch Stauweiher gefaßt und über Druckstollen an das Kraftwerksystem angeschlossen worden. Die Druckstollen verlaufen im Grundgebirge der Granite und Gneise und sind im Bereich geringen Wasserdruckes betonverkleidet, der hohe Druck vor den Krafthäusern wird dagegen durch Stahlblech-Panzerungen aufgenommen.

Die Werksgruppe Hotzenwald umfaßt folgende Stufen:

- Die Unterstufe Säckingen mit dem gleichnamigen Kavernen-Kraftwerk hat natürlichen Zulauf von Ibach, Murg und Dorfbach. Das Wasser fällt vom Eggbergbecken, einem künstlichen See mit 2 Mio m^3 Wasserinhalt, 400 Meter tief auf die Turbinen einer Kaverne.
- Die Hornbergstufe mit dem Kavernen-Kraftwerk Wehr hat mit 630 Meter vom Hornbergbecken aus die größte Fallhöhe aller Kraftwerksstufen.
- Die Altdorfstufe zwischen Hornbergbecken II und Haselbecken.
- Die Oberstufe Mühlegraben. Sie soll einmal ihr Wasser dem Stausee Lindau entnehmen und es nach Ausnutzung im Kraftwerk Mühlegraben an das Eggbergbecken weitergeben.

Bei den Bauarbeiten für die Schaltanlage Kühmoos mußte das 1457 zum ersten Mal urkundlich erwähnte »Heidenwuhr« verlegt werden.
Die Wuhre sind Beweis für die Tatsache, daß schon sehr früh das im Hotzenwald reichlich vorhandene Oberflächenwasser sinnvoll genutzt wurde. Wie bei den heutigen Kraftwerken wurde schon sehr früh bei den Wuhren die Wasserkraft durch ein leichtes Gefälle nutzbar gemacht. Auf seinem Weg aus

den Bergen zum Rhein wurde in den Wuhren das Wasser künstlich über das Land geleitet, wobei es zahlreiche Getreide- und Ölmühlen, sowie Säge- und Hammer-Werke antrieb; darüber hinaus ermöglichte es den Bauern, ihre Wiesen und Äcker zu bewässern.
Gespeist wurden und werden die Wuhre, die insgesamt eine Länge von fast 100 Kilometern haben, damals wie heute, aus den zahlreichen Bächen. Das älteste Wuhr dürfte, dem Namen nach zu urteilen, das Heidenwuhr sein, dessen Entstehen um die Jahrtausendwende angenommen wird; 14 Kilometer lang, trieb es einst die Egger Säge an und erfüllt heute noch als wichtiger Wasserlieferant des Hotzenwaldwerkes und des Bergsees von Bad Säckingen bedeutende Aufgaben, bevor es in den Rhein fließt. Ebenfalls heute noch wirtschaftlich genutzt wird das mit ungefähr 30 Kilometern längste der Wuhre, das Hochsaler Wuhr. Es entnimmt sein Wasser der Murg, genauso wie das 11,5 Kilometer lange Hänner Wuhr, das ebenfalls in die Energieversorgung eingebunden ist.
Am »Mahs« der Murg kann beobachtet werden, wie trotz der Wasserentnahme für die Wuhre ein Austrocknen der Flüsse und Bäche verhindert werden kann: eine Schwelle im Wasser der Murg bewirkt, daß 65 Prozent der Wassermenge im Fluß bleiben, während 35 Prozent dem Hänner Wuhr zugeführt und durch Holztröge und Tonröhren durch das oft unebene Gelände geführt werden – eine Meisterleistung der frühen Baumeister.

Alter Bewässerungsgraben, »Wuhr« oder »Wuhre« genannt

Ein altes Schutz-und-Trutz-Bündnis

Das Albtal mit seinen Hindernissen aus Fels, Wasser und Vegetation war in seiner Unzugänglichkeit als Grenze besonders geeignet. Deshalb teilten seine Schlucht und der Fluß schon früh die Hauensteiner Einungen in diejenigen »ob« und »nied« der Alb (östlich und westlich der Alb). Eine noch frühere Trennung unterschied nach »vor und hinter dem Hag«, dem Hagwald.

Die Hauensteiner Einung wird schon in einer österreichischen Urkunde vom 28. Juli 1371 als eine Selbstschutz-Einrichtung bezeichnet. Auch in einem Vertrag vom 24. Februar 1433 zwischen der Einung Hauenstein und den Vogteien Schönau, Todtnau und Todtmoos, mit denen ein einst bestehendes Schutz-und-Trutz-Bündnis wiederhergestellt wurde, wird ihre Aufgabe auf die gleiche Weise beschrieben: »Da jeweils eine Gewohnheit und altes Herkommen bei uns gewesen, in allen Dingen einig zusammen zu halten . . .« Ab dem 15. Jahrhundert war die Herrschaft Hauenstein in acht Einungen mit jeweils zwölf bis fünfzehn Dörfern und Weilern eingeteilt; die einzige Stadt, Hauenstein, gehörte zur Einung Hochsal. Die »oberalbischen« Einungen waren: Birndorf, Dogern, Höchenschwand und Wolpadingen, die »unteralbischen«: Görwihl, Hochsal, Murg und Rickenbach.

Eine Art Hotzenmilitär war der »Landfahnen«, seine Entstehung geht in das 14. Jahrhundert zurück. Die militärischen Leistungen des Landfahnen wurden damals hoch eingeschätzt, im Laufe der Jahrhunderte verloren sie jedoch an Wert, da die Bauern ihre Waffen selbst anschaffen mußten, wozu sie in den meisten Fällen weder bereit noch in der Lage waren. Im Krieg hatte nämlich jede Einung Soldaten zu stellen und die Verteidigungslinien zu besetzen.

Bereits im Mittelalter waren Verteidigungsanlagen eingerichtet worden. So schützte eine Wallmauer den gesamten Westen und Süden des Hotzenwaldes vor Eindringlingen. Ergänzt wurde die Wallmauer von einem »Landhag«, der aus Granitblöcken und Holzpalisaden errichtet worden war. Ein weiteres Verteidigungsbollwerk war der Hagwald. Dabei handelte es sich um unbesiedelte Waldstücke, deren Bäume im Verteidigungsfall so geschlagen wurden, daß ihre Kronen in Richtung des Feindes fielen und ein Durchkommen fast unmöglich machten.

1444 wurde die »Große Hauensteiner Letze« angelegt, ein Verteidigungswall aus Baumstämmen und Aufschüttungen von Erde und Steinen.

Als die Armagnaken 1444 mordend und plündernd Laufenburg, Säckingen und Waldshut überrannt hatten und ins Hauensteinische eindringen wollten, hatten die Bauern »die Letzen mit vielen Leuten bestellt und lagen daselbst zur Landwehr«, bis sich die französische Söldnerschar zurückgezogen hatte. Doch 1446 eroberten Fußknechte der Stadt Basel die Letzen, erstachen 36 Hauensteiner, verbrannten ein Dorf und viele Höfe und eroberten 400 Stück Vieh. Während des Dreißigjährigen Krieges waren die Letzen häufig von Nutzen für die Bevölkerung, denn mehrmals zog sie sich mit ihrem Vieh hinter sie zurück.

Im Laufe der Jahrhunderte veränderten sich die Aufgaben der Einung; im 17./18. Jahrhundert war sie zu einer Art Organisation mit eingeschränkter Selbstverwaltung geworden. Seit dem 18. Jahrhundert verfügten die Einungen über einen eigenen Niedergerichtsbezirk – für die österreichische Regierung eine praktische Einrichtung, denn zur Verwaltung der weitverzweigten Höfe, Weiler und Dörfer wäre ein umfangreicher, kostspieliger Beamtenapparat erforderlich gewesen. Bei der gut funktionierenden Selbstverwaltung genügte jedoch ein kaiserlicher Beamter, der als »Waldvogt« die Hochgerichtsbarkeit ausübte. Die Waldvögte gab es bereits seit 1408, sie residierten auf Burg Hauenstein und, nachdem die Burg abgebrannt war, in Waldshut.

Jeder Einung stand ein Einungsmeister vor, der den Waldvogt in Polizeiangelegenheiten beriet und bei Gerichtstagen Beisitzer war. Der Einungsmeister wurde am Georgistag (23. April) »auf freiem Feld und unter offenem Himmel« für ein Jahr gewählt, und seine Hauptaufgabe war, die vom Landtag bewilligten Steuern aufzuteilen.

Bei den Landtagen war die Einung mit Stimmrecht durch den Waldvogt und den Einungsmeister vertreten. Damit war sie den adeligen und klösterlichen Herrschaften und den Städten gleichgestellt.

Als 1806 das Hauensteiner Land in das neugeschaffene Großherzogtum Baden überging, wurde die Einungs-Verfassung abgeschafft und der Landfahnen aufgelöst.

Von Schicksal und Landschaft geprägt

Daß eine so extrem von der Natur geformte Landschaft wie der Hotzenwald ihren eigenen Menschenschlag hervorbringt, ist verständlich.
Die Hotzen sagen von sich selbst: »Fiin simmer inne, usse ruuch«, und daß ein zarter Kern die rauhe Schale benötigt, um die Unbilden von Klima und Schicksalsschlägen zu überstehen, haben die Jahrhunderte gezeigt. Viele Eigenschaften, die den Waldleuten zugeschrieben werden, finden sich auch in anderen Gegenden Deutschlands. Der Hotzenwälder Mensch sei dickschädelig – das gleiche wird von den Westfalen behauptet. Der Hotz sei heimattreu und dem Boden verhaftet, und wenn er einmal von einer Sache überzeugt sei, trete er mit aller Konsequenz für sie ein; er sei eigenwillig, aber verläßlich – das alles wird auch dem Markgräfler nachgesagt. Die Hotzenwälder würden zum Sektieren neigen – das wird auch von vielen anderen Berg- und Talbewohnern des Schwarzwaldes angenommen. Es ist gar nicht so leicht, den »typischen« Hotzenwälder zu charakterisieren, obwohl für alle angeführten oder auch angedichteten Eigenschaften genügend Beispiele vorhanden sind.
»Hotz« – je nachdem, wer den Ausdruck gebraucht, scheint er als Auszeichnung oder als Schimpfwort aufgefaßt zu werden. »Hotz«, das soll »Waldbauer« bedeuten. »Alter Hotz« wird übrigens der uralte, viergeschossige Kirchturm von Hochsal genannt – und es scheint in dem Gemäuer, in dem Kaspar Hauser gefangengehalten worden sein soll, tatsächlich etwas von der Hotzen Art zu stecken.
Daß sie ihr Recht wollten – wer hätte das den Hotzenwäldern verdenken können, die sich auf ihren »guten Grafen Hans« beriefen! Schriftlich hatten sie es bestätigt bekommen, schon vor langer Zeit – da konnte ihnen kein bläsischer Kapuzenbub ihre Rechte streitig machen! In Jahrhunderten hatte das Kloster immer mehr freie Bauern in Abhängigkeit gebracht, während der Kaiser selbst bestimmt hatte, daß kein Hauensteiner mehr mit dem Wort »leibeigen« belegt werden dürfe! Mit Gut und Blut wollten sie ihre Freiheit verteidigen – und so kam es auch. Viel Blut floß und viel Gut kam abhanden, in den Jahren, da sich die Hauensteiner Bauern gegen das Kloster St. Blasien erhoben, und schließlich gipfelte der lange Streit in der jahrelangen Auseinandersetzung, die als »Salpeterer-Aufstände« in die Geschichte eingingen. Denn auch das Kloster pochte auf seine uralten Rechte und Privilegien.
Wäre das Kloster behutsamer vorgegangen, hätten sich die Streitigkeiten wahrscheinlich in Grenzen gehalten, doch St. Blasien versuchte seine Forderungen hart und rücksichtslos durchzusetzen.
Schon nach der großen Pest, Mitte des 14. Jahrhunderts, als die Sterblichkeitsrate die Abgaben des einzelnen an das Kloster drastisch in die Höhe gehen ließ, waren die anstehenden Forderungen mit aller Härte eingetrieben worden. Mehrmals schon hatte sich die Wut der Bauern entladen: 1412 hatten sie das Vieh des Klosters weggetrieben und waren plündernd in St. Blasien eingefallen. Und im großen Bauernkrieg, 1526, hatten sie sogar die Mönche verjagt, die Bibliothek zerstört und die Klostervorräte sechs Tage lang geplündert.
Auf Gewalt folgte Gewalt. Als die Regierung den Anführer, den klösterlichen Lehenmüller Kunz Jehle bei der Lettenmühle, oberhalb von Waldshut, aufknüpfen ließ, war seine abgeschnittene rechte Hand am nächsten Tag mit der Drohung an die Klosterpforte genagelt worden: »Diese Hand wird sich rächen.«
So ist es auch nicht schwer zu erraten, wessen »Hände« mit im Spiel waren, als am 11. April 1526 Kloster und Münster innerhalb weniger Stunden durch Feuer vernichtet wurden. Dann kamen Seuchen, und wieder die Pest – die Bauern konnten kaum zu Atem kommen. 1612 der Aufstand, der als »Rappenmaßkrieg« bekannt ist und den Untertanen erneut eine Niederlage einbrachte.
Immer wieder hatten die Bauern Gewalt, Demütigungen, Krankheit, Tod und Unterdrückung erleiden müssen – verwundert es unter solchen Umständen, daß sich das Pulverfaß abermals entzündete, als der Abt von St. Blasien die Huldigung als Leibeigene verlangte? Es konnte gar nicht ausbleiben, daß die Bauern, die ihr angeblich verbrieftes Recht forderten und dem Aufrührer Hans Fridolin (Fridle) Albiez, dem Salpeter-Hans, folgten, zu »Salpeterern« wurden!
Es waren gewiß nicht nur Eigenwilligkeit und Dickschädeligkeit für die folgenden Unruhen und die blutigen Grausamkeiten verantwortlich zu machen, die schließlich – im Oktober 1755 – mit der Deportation von 112 Hotzenwäldern ins Banat endeten.
Seiner Schrift »Die Salpeterer« gab Heinrich Hansjakob den Untertitel »Eine politisch-religiöse Sekte auf dem südöstlichen Schwarzwald«. Wer die weiteren Ereignisse nach der Auseinandersetzung mit St. Blasien verfolgt, ist schon geneigt, das Rechtsempfinden der Salpeterer mindestens als »stark ausgeprägt« einzustufen.
1826/1827 kam es im Hotzenwald zu einem Impf-Boykott, als sich die Eltern weigerten, ihre Kinder impfen zu las-

Der Solfelsen oder Pelzkappenstein bei Jungholz (ca. 230 t, 88 m³, 5,4 m Höhe)

sen. In einem Protestschreiben erläuterte der betroffene Anton Siebold seine Auffassung: »Ich bleibe bei den alten Hauensteinischen Rechten. Ich hilf nicht mit, Altes zu brechen und Neues zu machen ... das Impfen kann ich nicht dulden; das Gewissen läßt mir das nicht zu ...«
Als 1832 ein von einem protestantischen Pfarrer verfaßtes Lesebuch in die Schulen eingeführt und der alte Katechismus, der »Canisius«, entfernt wurde, schickten die Eltern ihre Kinder nicht mehr zur Schule. Haftstrafen für die Eltern und polizeiliche Maßnahmen gegen die Kinder blieben ohne Erfolg. Die Salpeterer hielten an ihrem alten Katechismus fest und schickten, als er verboten wurde, die Kinder immer wieder mit ihm in die Schule. Sie bezeichneten die badischen Priester als von der Kirche abgefallen und wandten sich Schweizer Geistlichen zu, die noch der traditionellen Richtung folgten. Die immer wiederkehrende Aussage der Salpeterer war zu jener Zeit: »Wir sind nur Papst und Kaiser untertan!«

Aus heutiger Sicht heraus ist schwer zu beurteilen, ob das damalige Festhalten der »Wälder« an religiöser Tradition als »Sektierertum« bezeichnet werden kann. Völlig falsch wäre es, religiöse Auswüchse der Gegenwart in Zusammenhang mit den Hotzenwäldern zu bringen, sind sie doch aus der Schweiz importiert worden: »Uriello«, ein ehemaliger katholischer Geistlicher, und »Uriella«, die von Jesus Christus direkte Botschaften empfängt, haben ihre Sekte »Fiat Lux« (Es werde Licht) in Strittmatt angesiedelt, da auf Grund der fünf kreuzförmigen »T« Strittmatt als einziger Ort die bevorstehende Atomkatastrophe überstehen werde. Die Einwohner von Strittmatt, in dem die Sekte ein Haus nach dem anderen aufkauft, fühlen sich weniger durch Atomstrahlen als durch die Sekte und ihre fanatisierten Anhänger bedroht.
Nicht weit von der Stelle entfernt, an der Hans Fridle Albiez, der Salpeter-Hans, im Freiburger Gefängnis starb, spielt seit geraumer Zeit die »Alemannische Bühne« eines ihrer erfolgreichsten Stücke, »De Hotzeblitz«. Der Hotzenblitz soll einmal eine typische Hotzenwälder »Natur«-Erscheinung gewesen sein:
Vielleicht ist das unnatürliche Naturereignis Nichteingeweihten am besten mit dem Monolog des Mannes zu erklären, bei dem der Hotzeblitz nicht »gezündet« hatte:

> »Hotzeblitz hi, Hotzeblitz här, un wenn er 's gsi wär, un mi Hüdde wär de Bach ab, dro hett i zu mire Alde gsait ›Villicht krieget me jätz endli e neu Näscht statt däne lumpige alde.‹ Do wär Fraid gsi!«
>
> (Übersetzung: »Hotzeblitz hin, Hotzeblitz her, und wenn er es gewesen wäre und meine Hütte wäre abgebrannt, da hätte ich zu meiner Alten sagen können:›Vielleicht bekommen wir jetzt endlich ein neues Nest statt dem lumpigen alten.‹ Da wäre Freude aufgekommen!«)

Richtig, beim Hotzenblitz ging es um Brandstiftung, um einen bei Gewitter mittels eines Bindfadens und einer brennenden Kerze inszenierten »Blitzeinschlag«, der das alte Haus abbrennen und die Versicherung zahlen ließ.
Ob diese Art des Versicherungsbetruges im Hotzenwald tatsächlich so oft praktiziert wurde, wie behauptet wird, mag dahingestellt bleiben – beim heutigen Stand der Brandursachen-Feststellung kann solche Art der Selbsthilfe jedenfalls kaum mehr erfolgreich durchgeführt werden.
Das Reine und das Rauhe, das der Hotzenwälder für seinen Charakter in Anspruch nimmt, gilt auch für seine Sprache. Harte und innige Wörter umfaßt die reichhaltige Palette. Genauso, wie diese hochalemannische Mundart von Dorf zu Dorf variieren kann, waren auch die Trachten, die heutzutage in Trachtenvereinen wiederaufleben, nicht einheitlich: Neben der Hauensteiner ist – im ehemaligen Einflußbereich von St. Blasien – auch die Hochschwarzwälder Tracht verbreitet gewesen.
Von den vielen Bräuchen im Jahresablauf haben manche nur noch in der Erinnerung überlebt, andere kehren allmählich wieder in das Leben der Menschen zurück. Die alemannische Fasnacht ist weniger auf dem Wald als in den Rheinstädten daheim, in Laufenburg gehen ihre Wurzeln bis in das Jahr 1386 zurück.
Joseph Victor von Scheffel, der in seiner Eigenschaft als Beamter von Säkkingen aus oft »auf den Wald« mußte, verdanken wir eine Reihe lebendiger Landschaftsschilderungen, aber auch über die Lebensart der Hotzen hat er in seinen Schriften manches festgehalten:

- »Am schönsten ist 's, an einem duftigen Herbsttag die Berge hinanzuklimmen; da wallt und wogt ein dampfender Nebel über dem Rhein auf und ab und verhüllt Dächer und Turmspitzen der alten Waldstädte ...
  Auf der Hochebene schauen vergnüglich zwischen den Tannen die Strohdächer der Wälderhäuser hervor ...«
- »Ein ehrwürdig Institut aber darf nirgends fehlen, das ist der kolossale Kachelofen ... Die Ofenbank heißt nicht umsonst die ›Kunst‹ oder ›Chauscht‹; auf ihr liegt der Wälder der edlen und freien Kunst des Nichtstuns und Schnapstrinkens ob, auf ihr brütet er seine feinsten Pfiffe und Schliche aus, auf ihr träumt er seine schönsten Träume.«

Die Kloster-herrschaft

War bisher von St. Blasien die Rede, so war immer das Benediktinerkloster gemeint. Das ist Vergangenheit. Die Söhne des heiligen Benedikt mußten wegziehen, 1933 sind ihnen die Feldkircher Jesuiten gefolgt, die seitdem hier ein privates Gymnasium unterhalten.
Vieles hat sich in dem alten Benediktinerort verändert, seit hier keine Äbte mehr residieren. Die überschaubare Stadt ist durch Eingemeindung an die einst selbständigen Orte Albtal und Menzenschwand gekommen, hat einen weltbekannten Hersteller von Schneepflügen und -Fräsen aufzuweisen und hat sich zu einem der bekanntesten Kurorte des Schwarzwaldes entwickelt. »Heilklimatischer Kurort« und »Kneippkurort« sind die stolzen Titel, mit denen sich St. Blasien heute schmückt. Die Heilanzeigen reichen von »Erkrankungen der Atmungsorgane« bis zu »psychosomatischen Störungen«. Der Ortsprospekt bezeichnet das »Bioklima« als »reizmild« und bietet eine »Kur für Leib und Seele« an. In der Nähe der Stadt gibt es Langlauf-Loipen und im Ortsteil Menzenschwand Skilifte.
Das moderne Kur- und Sportleben der Stadt wird von der imposanten Kuppel überragt, Sinnbild einer lange vergangenen Zeit. Hier pochte einst das Herz eines Herrschaftsbereiches, der sich über ausgedehnte Gebiete des Schwarzwaldes – und noch weit darüber hinaus – erstreckte. Hier konzentrierte sich die Macht, die bis in die Dörfer hineinreichte – nach Ober- und Unteralpfen, nach Görwihl, Herrischried, Rickenbach, Dogern und andere. Orte, die mit bunten Prospekten um Fremde werben. Orte, deren einst unbekannte Namen heute für wohlvertraute Erholungs- und Ferienorte stehen.

△
St. Blasien im Wald

Auf St. Blasien konzentrierte sich in früherer Zeit der Haß, er kroch aus den unwegsamen Tälern, kam die Hochflächen herab, auf das Kloster und seine unbeliebten Vögte zu. Entstanden aus Armut und Frohn, aus anhaltendem und sich immer mehr vermehrendem Druck wuchs die Verbitterung gegen das Kloster. Die ausgedehnten Besitztümer lagen offen zutage, die angesammelten Schätze konnten nur erahnt werden, und so entstanden Geschichten wie die folgende:

> Das Kloster St. Blasien war einst so reich, daß die Mönche, reisten sie nach Rom, jede Nacht auf eigenem Besitz einkehren konnten. Zu jener Zeit begegnete der Fürstabt einem Bauern, der Stroh schnitt und sprach ihn an: »Diese Berge von Stroh«, sagte er, »sind nichts gegen unsere Berge von Gold und Silber.« Der Bauer schaute ungläubig, da verband ihm der Abt die Augen und führte ihn unter einem tosenden Wasserfall hinweg in eine unterirdische Höhle. Dort lagen Stapel von Gold und Silber. Der Abt erlaubte, daß sich der Bauer soviel davon nehme, wie er tragen könne, dann wurde er wieder mit verbundenen Augen zurückgebracht.

Daß sich die unterdrückten Bauern ihre Ausbeuter bestraft wünschten – und wenn nicht in diesem, dann zumindest in einem anderen Leben – läßt sich an folgender Geschichte ablesen:

> Ein Fürstabt aus St. Blasien und zwei seiner Mönche hatten die Leute so unterdrückt, daß sie zur Strafe nach ihrem Tode »umgehen« mußten.
> Ein Löffelschnitzer ist den dreien begegnet, sie alle trugen lange Kutten und einer von ihnen ein großes goldenes Kreuz. Der erste rief: »Oh weh!« Der zweite Mönch jammerte: »Die Armut!« und der dritte: »Das unrechte Gut!«
> Die Gesichter der drei waren dunkel und rissig wie Tannenrinde.

Oder:

> Drei Menzenschwandern kamen beim Gang über den Feldberg Reiter, die schwarze Kutten trugen, denen aber die Gesichter fehlten, auf kohlschwarzen Pferden entgegen. Während sie eine Zeit lang neben den Menzenschwandern herritten, murmelten sie: »Oh unrechtes Gut, du hast uns betrogen!«

Dabei waren die Anfänge auf dem Weg zum reichen Kloster von Armut und Entbehrungen überschattet gewesen – nicht anders, als bei den Gründungen im Münstertal und in Säckingen.
Etwa im achten Jahrhundert hatten sich Einsiedler in der »Cella que dicitur Alba«, der Albzelle, niedergelassen. Um 860 erhielten sie vom heiligen Fintan Reliquien des Blasius, der Schutzpatron der Mönchsniederlassungen wurde. Wie der irische Mönch am Belchen und Fridolin auf der Rheininsel, so nahmen auch die Söhne des heiligen Benedikt die Strapazen in dem unwirtlichen Wald auf sich. Ihre Mühe wurde vom Erfolg gekrönt, das kleine Kloster im Albtal erhielt starke Impulse von einem gewissen Reginbertus, so daß 983 Kaiser Otto II. die Zelle den Mönchen zum freien Besitz übergab.
Gründer der Zelle an der Alb soll ein Sigemar gewesen sein, der sie dem Kloster Rheinau übergeben hatte, doch 1056 löste sich die Zelle vom Mutterkloster.
Heinrich IV. unterzeichnete am 8. Juni 1065 das Immunitätsprivileg für das Kloster, in dem die Grenzen genau festgelegt waren. Außerdem wurde St. Blasien jedem Einfluß weltlicher Herren entzogen.
Durch zwei Schenkungen des Rudolf von Rheinfelden wurde der Besitz 1071 und 1076 um durch Roden gewonnenes Land beträchtlich vermehrt. Beim Roden wandten die Klosterleute das bequeme Abbrennen des Waldes oder das Abschälen der Baumrinde an, was das Absterben der Bäume zur Folge hatte; die Orte mit der Namensendung »schwand« (swant = schwinden) legen davon Zeugnis ab. Nach den Bischöfen von Basel als ersten Klostervögten folgten die Zähringer, dadurch erfuhr die Entwicklung des Klosters starken Auftrieb. Oft durch Schenkungen, manchmal auch durch kluges Taktieren, gewann St. Blasien Einfluß und Macht. Immer wieder kamen neue Besitzungen hinzu: die Propstei Bürgeln, die Herrschaften Staufen und Kirchhofen, schließlich Oberried und Kappel und die Herrschaft Bonndorf. Damit war der »Zwing und Bann« St. Blasiens zu einer ausgedehnten Grundherrschaft, ja zu einer politischen Macht in Südwestdeutschland geworden. Daß Abt Franz II. unter Maria Theresia 1746 in den Reichsfürstenstand erhoben wurde, war logische Folge dieser Entwicklung.

Bauerngarten in Ibach . . .

. . . mit Holzschindeln-Idylle

Bei Unteribach, einige Kilometer südlich von St. Blasien, hatte Diethelm von Tiefenstein ebenfalls eine Vogtei gegründet, die er 1243 dem Kloster Stein am Rhein unterstellte, als er dort eintrat. Rudolf von Habsburg vertrieb jedoch die Mönche und wandelte die »Neue Zelle« in eine habsburgische Pfarrei um, da er keine zweite Vogtei aufkommen lassen wollte.
1013 bis 1036 war in St. Blasien das »Alte Münster« erbaut worden, das 1095 bis 1108 durch das »Neue Münster« ersetzt wurde. Mehrere Brände setzten dem Gotteshaus arg zu, schließlich brannte 1768 die gesamte Anlage bis auf die Grundmauern nieder.
Der damalige Fürstabt Martin II. Gerbert ließ mit Hilfe französischer Architekten den Kirchenbau im frühklassizistischen Stil neu erstehen. Baumeister waren Michael d'Ixnard für die Gesamtanlage und Nikolaus de Pigage für die Kuppel. Die barocke Ausstattung der Anlage verantwortete der Fürstlich-Fürstenbergische Baudirektor Franz Josef Salzmann.
Die Mönche konnten sich jedoch nicht lange der neuen Gebäude erfreuen, einigen gelang es noch, rechtzeitig vor der Säkularisation mit einem Teil der wertvollen Bibliothek und Urkunden nach Kärnten zu fliehen, doch der restliche Besitz des Klosters, darunter auch die ausgedehnten Waldungen, fielen dem badischen Staate zu; vieles, auch die Reliquien des heiligen Blasius ist seit dieser Zeit verschollen oder ging, wie die berühmte Silbermann-Orgel, zugrunde.
Nach dem Weggang der Benediktiner beherbergten die Klostergebäude verschiedene Fabriken. 1874 zerstörte ein Brand Teile des Klosters sowie Chor und Kuppel der Kirche. Der Abbruch des Münsters wurde beschlossen und konnte nur mit Mühe verhindert werden.
Danach wurde der Mönchschor Pfarrkirche und die Kuppel wiedererrichtet. Nach einem weiteren Brand, 1977, von dem die Kirche verschont blieb, erfolgte eine umfangreiche Restauration von Kloster und Münster.

Was den vielen Bränden, Plünderungen durch Bauern und Schweden, der Pest und den Salpetererern-Aufständen nicht gelungen war, hatte die Säkularisation geschafft: das Kloster-Imperium auf dem südlichen Schwarzwald war zerschlagen. Bei allem übertriebenen Streben nach Macht und Besitz waren die Mönche der Vorschrift des heiligen Benedikt treu geblieben, zu siedeln und gelehrte Studien zu betreiben. Unter Abt Blasius III. und Fürstabt Martin Gerbert hatte das Kloster im 18. Jahrhundert eine geistige Blütezeit erlebt. Gerbert hinterließ die dreibändige Historia Silvae Nigrae (Geschichte des Schwarzwaldes), in der er den Schwarzwald als die Colonia Sancti Benedicti (Siedlung des heiligen Benedikt) bezeichnete. Mag dieser Anspruch auch etwas zu hoch angesetzt gewesen sein, die Benediktiner haben dem Schwarzwald und seinen Bewohnern im Guten wie im Bösen ein Siegel aufgedrückt, das noch lange in die Zukunft hinein wirken wird.
»St. Blasien«, ein Begriff, der einst Schrecken und Haß erzeugte, bedeutet heute für viele Menschen unbeschwerte, erholsame Tage.

Temporärer Moorsee bei Dachsberg

Mischwald bei Ibach-Lindau:
Naturverjüngung

Gruben, Gumpen, Gugelturm

Nicht nur St. Blasien schmückt sich heute mit einem touristischen Prädikat, auch die einst armen Hotzenwalddörfer haben auf den Fremdenverkehr gesetzt und eine neue sprudelnde Einnahmequelle entdeckt. Aus den ehemaligen Nestern der Salpeterer-Anführer sind Luftkur- und Erholungsorte geworden. Etwa aus Herrischried, aus dem der hingerichtete Michael Eckert stammte. Oder Segeten, von wo einer der Salpeterer-Hauptanführer, Johannes Wasmer, der »Gaudihans«, kam. Schließlich aus Engelschwand, dem ehemaligen »Aloswend«, dem Heimatort von Martin Arzner, der 1755 in das Banat verbannt wurde.

Der waldreiche und rauhe hintere Hotzenwald wurde erst im 10. bis 12. Jahrhundert von den Tiefensteinern und von der Grafschaft Wehr aus besiedelt. Wegen der mühseligen Arbeit waren die Siedler von den Abgaben der Leibeigenschaft befreit.

Unter den Tiefensteinern entwickelte sich nach dem Grundsatz »Bodenrecht erwirbt, wer Bodenarbeit tut« das sogenannte Freibauerntum. Die »frygen Luit« werden zum ersten Mal in einer Schenkungsurkunde des Diethelm von Tiefenstein erwähnt. Das Stift Säckingen, das ebenfalls im Quellgebiet der Murg rodete und kolonisierte, kannte keine Freibauern.

Herrischried, das »Herschisriet« von 1281 und das »Herisriet« von 1331 (Ried des Herrn) ist der Mittelpunkt des hinteren Hotzenwaldes. »Mynen Auge gfallt, Heerischried im Wald«, wußte schon Johann Peter Hebel, und die heutigen Wintersportler werden ihm zustimmen. Anziehungspunkt zu anderen Jahreszeiten ist für Touristen der Gugelturm, eine aus vier Tannenstämmen errichtete Aussichtsstätte, die einen weiten Blick über den Wald hinweg in das Land erlaubt.

Auf der windumbrausten Hochebene geben alleine schon die Flurnamen Auskunft über das rauhe Klima und die karge Bodenbeschaffenheit; »Elendes Löchle« ist die Bezeichnung für einen bestimmten Wiesengrund und »Totes Bühl« für einen Hügel. Die Vorstellung, daß zu mitternächtlicher Stunde an solchen Orten Geister umgehen, entspringt einer verständlichen verängstigten Einbildungskraft; daß sich jedoch eine Diebesbande nachts auf dem »Toten Bühl« traf und beim dortigen Kruzifix der ewigen Seligkeit abschwörte, ist aktenkundig.

Das »öde« oder »letzte Land« heißt auch heute noch eine einst völlig kahle Höhe, doch Aufforstungen haben den Charakter dieser Gegend um die »Ödlandkapelle«, eine alte Wallfahrtskapelle, verändert.

Zu den einst ärmsten Gemeinden des Hotzenwaldes zählte Hogschür, die »hohe Scheuer«. Beachtenswert sind die beiden Marienkapellen des kleinen Ortes mit Schnitzereien aus dem späten Mittelalter und der Renaissance. Eine von ihnen soll Rudolf von Habsburg gestiftet haben, indem er ein Gelübde erfüllte, das er ablegte, als er sich beim Jagen im Wald verirrt hatte.

Die einst arme Gegend ist reich an landschaftlichen Besonderheiten. So hat die Eiszeit bei Lindau – ähnlich wie in der Teufelsküche des Albtales – Gletschermühlen hinterlassen. In den Granit des Schwarzenbächletales haben das sich drehende Gletscherwasser und Mahlsteine bis zu 2,7 Meter Durchmesser große Löcher gegraben.

Der sehenswerte »Kleine Woog-Gumpen« liegt dicht bei der »Schwarzen Säge«, andere freigelegte Gletschertöpfe haben sich inzwischen mit Wasser gefüllt.

Diese einzigartigen Naturdenkmäler werden einmal völlig verschwinden, wenn die geplante Oberstufe Mühlegraben der Werksgruppe Hotzenwald verwirklicht wird, denn genau auf dem Kleinen Woog-Gumpen soll der Damm für den Stausee Lindau errichtet werden, der das Schwarzenbächletal überfluten wird.

Eine andere landschaftliche Besonderheit sind die Hochmoore (siehe besonderes Kapitel »Moore«). Sie kommen zwar auch im vorderen Hotzenwald und auf dem Dachsberg vor, doch im Bereich »Ibach/Lindau« und in den übrigen Hochtälern treten sie außerordentlich zahlreich auf, 22 wurden gezählt.

Den einzigartigen Reiz der Hochmoore kann der Wanderer auf guten Wegen erleben, die er jedoch auf keinen Fall verlassen sollte, da die Moore tükkisch sind und Tiefen bis zu fünf Metern aufweisen können, im »Kohlhüttenmoos« bei Ibach wurden sogar acht Meter gemessen.
Flachmoore sind in der Gegend von Hogschür und Hottingen zu finden.
Das Gebiet des Dachsberges, die frühere Einung Wolpadingen, wird als »Kapellenland« bezeichnet, denn lange Zeit verweigerten die Grundherren den einzelnen Dörfern eigene Kirchen, so daß es zum Bau vieler Kapellen kam; erst 1887 wurde in Hierbach die erste Kirche der Gegend errichtet. 1971 entstand durch Zusammenschluß von vier bis dahin selbständigen Orten die neue Gemeinde Dachsberg mit Verwaltungssitz in Wittenschwand. 1266 wird der heutige Ortsteil, der schon seit früher Zeit St. Blasien unterstand, als »in der witen Swande« erwähnt.
Zwischen Wittenschwand und Urberg sind eine Reihe aufgelassener Bergwerke zu finden; einst wurden hier Nickelerz und Bleiglanz gefördert. In dem alten Bergbauort Urberg (1237: »Urberc«) wurde bis in die jüngste Zeit noch nach Fluß- und Schwerspat gegraben; am 1. Juli 1987 wurde die Grube »Gottesehre« geschlossen, zum Kulturdenkmal erklärt, soll sie als Besuchsbergwerk eingerichtet werden.

Woog-Gumpen und Gletschermühle im zauberhaften Schwarzenbächletal

Alte Baudenkmäler des Hotzenwaldes gibt es nicht viele: Die Kirche in Hochsal, etwa um 1081 bis 1088 erbaut, wurde schon erwähnt. Auch die Pfarrkirche von Birndorf dürfte um 1100 errichtet worden sein, in ihr wurden Malereien aus der Zeit um die Wende vom 11. zum 12. Jahrhundert freigelegt.
Zahlreich sind im Hotzenwald die vielen Steinkreuze an Wegen, Feldern und Straßenkreuzungen. Das älteste wurde 1679 vom Unteralpfener Müller Fridli Ebner gestiftet, es steht an der Weggabelung Birndorf/Waldshut. Nur 13 Jahre jünger ist das von Pfarrer Jakob Burkhardt gestiftete Kreuz des Friedhofes Birndorf. Ebenfalls von einem Unteralpfener Müller, von Adam Tröndle, stammt das bekannteste Hotzenwälder Kreuz, das »Feiste Herrgöttle«. Es steht auf zwei Mühlsteinen der Unteralpfener Mühle oberhalb des Ortes Gaiß. Corpus und Kreuz sind aus einem Stein gemeißelt. Den Ortsherren Unteralpfens, den Herren von Zweyer, verdankt der Hotzenwald das Maierhofkreuz, das nahe der Mühle von Unteralpfen steht und mit Schmuck-Elementen reich ausgestattet ist.
Der hintere Hotzenwald, einst von Fremden nur bei zwingenden Anlässen aufgesucht, hat sich zu einem vielbesuchten Fremdenverkehrsgebiet entwikkelt, dessen reichhaltige kulturelle, vor allem aber landschaftliche Besonderheiten abwechslungsreiche Ferien garantieren.

▷
Hotzenwälder Hochmoore, im Volksmund »Möser«

▷▷
Sonnentau im Moor – auch kleine Libellen sind nicht sicher. Und ein Grasfrosch . . .

Malerische Täler – Täler der Maler

»Bernau ... ist um den Johannistag herum ein von Blumen- und Honigduft erfülltes hochgelegenes Wiesental, von braunen Forellenbächlein durchzogen; ein Kranz von Bergen, so gelagert, daß sie das Tal nicht einengen, umgibt es mit dunklen Tannen. Durch das stundenlange breite Tal reihen sich die mit Schindeln gedeckten braunen Holzhäuser, bilden in dem grünen Tal einzelne Dorfgruppen, in deren mittleren sich die Kirche befindet. Bei der etwa 900 Meter Höhe, in der sich das Tal befindet, ist der Winter recht lang und schneereich. – Schön sind die zahlreichen Kuh- und Ziegenherden, welche den Sommer über an den Berghalden hin weiden – die Viehzucht spielt im Erwerbsleben eine Rolle neben der Holzwarenindustrie, die in fast allen Häusern betrieben wird.«

Das macht den Reiz des Schwarzwaldes aus: eine Bilderbuchlandschaft löst die andere ab, und obwohl sie alle ähnlich erscheinen, hat doch jede ihre Eigenart.
Von den Ursprungsorten bis zu ihrer Vereinigung durchfließen die beiden Alb-Schwestern jede ihr eigenes Tal, die nach den Hauptorten, Bernau und Menzenschwand, benannt sind und den Flüßchen ihre Beinamen leihen.
Das weite, zehn Kilometer lange Bernauer Tal zu beschreiben, sei dem bekanntesten Sohn Bernaus, dem Maler Hans Thoma, überlassen, der nicht nur mit Farben umzugehen wußte, sondern auch eine geschickte Feder führte.
An der von Thoma gegebenen Darstellung hat die neuere Zeit eine Reihe von Korrekturen vorgenommen – nicht immer zum Vorteil für Bernau! Zwischen die braunen Holzhäuser mit Schindeln haben sich Weiß-Verputzte mit braunen und roten Dächern gedrängt, und die einzelnen Dorfgruppen sind um eine Trabantenstadt von Campingwagen und Zelten »bereichert« worden.
Auch die alten Häuser mit den umlaufenden Holzgalerien und den weit vorgezogenen Walmdächern haben manchen Eingriff der modernen Zeit hinnehmen müssen. Die alten, als Doppelhäuser gebauten Höfe im ehemaligen Zwing und Bann St. Blasiens werden schon in der erwähnten Urkunde Kaiser Heinrichs IV. von 1065 zum Kerngebiet des Klosters gezählt. Solche Doppelhäuser entstanden, weil die Äbte des Klosters das Abwandern nicht erbberechtigter Söhne dadurch verhinderten, daß sie die geschlossene Erbfolge nicht aufkommen ließen. So umfaßte die wachsende Gemeinschaft oft drei und vier Familien unter einem Dach.

Zu jeder Jahreszeit einen Besuch wert: Bernau

Einzelhäuser in dieser Region sind daher immer der neueren Zeit zuzuordnen.
Auch vom Hotzenwald ist ein solch beengtes Wohnen überliefert, wobei die Gründe dafür jedoch nicht dem Kloster zugeschrieben werden:

> »Das Land ist von Volk überhäuft. An vielen Orten sind nicht nur die Höfe gänzlich zerstückelt, sondern sogar die Bauernhäuser, die manchmal 5–6 Partien gehören. Jede hat ihren bestimmten Anteil an der Stube und an der Küche, ja, jeder gehören eine bestimmte Anzahl Kacheln an den Öfen. Der Grund für die Überbevölkerung ist darin zu suchen, daß diese Untertanen gar nicht aus dem Lande gehen. Lieber würden sie im eigenen Lande Hunger leiden als anderswo ihr Stück Brot verdienen.«

Auch das Haus, in dem Hans Thoma am 2. Oktober 1839 geboren wurde, ist ein Doppelhaus, es steht im Ortsteil Oberlehen; in Bernau-Innerlehen ist die Kirche zu finden, deren Seitenaltäre von ihm stammen. Auf dem linken Seitenaltar hat der spätere Direktor der Akademie Karlsruhe sein Tal hinter sakralem Vordergrund so im Bild festgehalten, wie er es in Worten beschrieben hat. Hans Thoma verbrachte die ersten zwanzig Lebensjahre vorwiegend in Bernau und kehrte später immer wieder dorthin zurück.

Herbstfeuer

◁
Opa Stoll, 84 Jahre, aus Großherrischwand, bei der Birnenernte

Im gleichen Ortsteil sind im Rathaus über 80 originale Aquarelle, Gemälde, Glasmalereien, Grafiken, Majolika-Arbeiten und Modelle der vom Künstler entworfenen Möbel zusammengetragen worden.

Eine andere umfangreiche Sammlung ist im einstigen Resenhof zu sehen; das »Schnefler-Museum« gibt einen guten Überblick über das ehemalige gewerbliche Leben im Bernauer Tal, dessen Mittelpunkt jahrhundertelang der Rohstoff Holz, und dessen typischer Nebenberuf der Kübler war – unter 200 Schneflern gab es 1850 hier 120 Kübler. Küblerwaren umfaßten Butterfässer, Waschzuber, Weinbutten und Eimer; zu den Kleinholzwaren gehörten: Löffel, Holzschindeln und anderes Holzgeschirr. Wie im Wiesental gab es auch in der Bernauer Gegend Probleme mit dem Beschaffen von Holz, denn die Schnefler konnten nur bestes, 100 bis 150 Jahre altes Fichten- oder Weißtannenholz verarbeiten. Auch hier Klagen über Holzraubbau und 1683 eine »Waldordnung für des löblichen Gotteshauses Unterthanen im Bernauthale«, die jedem Schnefler nur noch einen Baumstamm im Jahr kostenlos zugestand.

1812 betrieben zwei Drittel aller Familien in und um Bernau die Schneflerei und verdienten sich damit ein Zubrot zu den kargen Erträgen der Landwirtschaft.

Durch steigende Holzpreise, Überproduktion, Aufkommen von Emaillewaren und Konkurrenz aus Thüringen verschlechterte sich die wirtschaftliche Lage der Schnefler im Verlauf des 19. Jahrhunderts drastisch.

Trotzdem bestehen heute noch mehr als 200 holzverarbeitende Betriebe, in denen Holzspielzeug- und Haushaltsgegenstände-Hersteller oder Holzschnitzer wirken und vor allem Werkstätten, in denen Möbel – vor allem im rustikalen Stil – angefertigt werden; noch immer entstehen zahlreiche Holzstühle nach Motiven von Hans Thoma. Ihren großen Sohn ehrt die Gemeinde Bernau jährlich mit dem »Hans Thoma-Tag«, an dem der »Hans Thoma-Preis« verliehen wird.

Es fällt schwer, beim Beschreiben Bernaus vom Malerpoeten Thoma loszukommen, doch sollte nicht unerwähnt bleiben, daß der Ort schon sehr früh von Bedeutung war und in der heutigen Zeit noch immer ist. Schon 1173 wird in Bernau-Hof, wo der wohl älteste Mönchshof St. Blasiens mit dem Namen des Mönches »Bernova« stand, eine Kirche nachgewiesen, 1750 wurde sie in die Mitte des Tales verlegt.

Heute ist das urige Schwarzwalddorf am Fuße des Herzogenhorns als Wander- und Wintersport-Paradies außerordentlich beliebt. 150 Kilometer Wanderwege, 7 Skilifte – drei mit Flutlicht – und Loipen, dazu die längste und steilste Ski-Abfahrt vom Herzogenhorn herab beim Hofmättle untermauern den guten Ruf der Gemeinde. Außer auf die Vielzahl von Sonnenuhren, die in Deutschland einmalig sein dürfte, sind die Bernauer besonders stolz auf die Goldmedaille, die der Ort als Bundessieger im Wettbewerb »Unser Dorf soll schöner werden« erhielt.

Alleine fünf Wanderwege führen von St. Blasien ins Feldberggebiet, davon zwei durch das Bernauer und Menzenschwander Tal. Auch Johann Peter Hebel muß oft diese Gegend durchstreift haben, schreibt er doch: »Es kennen mich dort alle Buchen und Bächlein, auch etliche Wirtshäuser.«

Die Bodenverhältnisse im engen Menzenschwander Tal verlockten zwar nicht so sehr zur Besiedelung wie die im breiten Bernauer Tal, trotzdem gehörte auch dieses Gebiet schon früh zum Kloster St. Blasien.

Auch das Tal der Menzenschwander Alb hat seinen Maler: Franz Xaver Winterhalter. Die Motive seiner Gemälde waren jedoch andere als die Thomas.

Der von sanktbläsischen Benediktinern geförderte Sohn eines Bauern und Uhrenhändlers aus Menzenschwand führte ein rastloses, dabei aber erfolgreiches Leben: Zu Beginn des Jahres 1834 weilte der »Wanderportraitist« – wie er sich selber nannte – in Rom, im Dezember desselben Jahres ließ er sich in Paris nieder. Reisen führten ihn nach Baden-Baden, Karlsruhe und in den Schwarzwald. Der »Französling« porträtierte zunächst Damen der Pariser Salons, dann Prinzessinnen, Königinnen und Könige: Kaiserin Eugénie in Paris, Queen Victoria und Prinzgemahl Albert in England, Kaiserin Elisabeth (Sissy) und Kaiser Franz Joseph in Österreich, König Leopold in Belgien – eine schier endlose Liste »historischer« Namen. Als Winterhalter am 8. Juli 1873 starb, schrieb Queen Victoria in ihr Tagebuch: »Er war der van Dyck seiner Zeit.«

Es gibt auch andere Parallelen zum Nachbartal, so die alten Doppelhäuser mit zwei Einfahrten und die Holzbearbeitung in Heimarbeit.

Geologisch nimmt das Menzenschwander Tal jedoch eine Sonderstellung ein, sind hier doch die am besten erhaltenen Zeugen der Eiszeit im ganzen Schwarzwald zu finden.

Während der Eiszeit wurde das Tal besonders stark umgeformt. Immerhin war der 24 Kilometer lange Albgletscher – der längste im Schwarzwald – über der Talsohle an der Stelle des heutigen Hinterdorfes von Menzenschwand mindestens 320 Meter dick. Granitblöcke, die vom Gletscher nicht niedergewalzt werden konnten, sind als »Rundhöcker« erhalten geblieben; sie sind für das Tal charakteristisch, außer

bei Geschwand und Utzenfeld im Wiesental kommen sie sonst nirgendwo im Schwarzwald vor.
Ein weiterer eiszeitlicher Zeuge ist ein ehemaliger, verlandeter runder Karsee unter dem Spießhorn, der nun als das Hochmoor »Scheibenlechtenmoos« bekannt ist. Sehr gut erhalten sind die Kluse-Endmoränen. Der Beiname »Kluse« deutet darauf hin, daß die Wälle – ohne menschlichen Eingriff – als Schwallung für die Flößerei genutzt worden sind. Als Kluse wird eine Bachverbauung bezeichnet, mit der das Wasser gestaut wird. In den Stau werden die zu transportierenden Baumstämme gebracht, die bei der Schwallung, dem Öffnen der Sperre also, mit dem davonschießenden Wasser befördert werden. Eine weitere Kluse in der Nähe von Menzenschwand wurde noch bis ins 19. Jahrhundert hinein als Schwallung verwendet.
In den letzten Jahren ist der Name Menzenschwands durch umstrittene Uran-Schürfungen bekanntgeworden. Die Frage, ob die Zukunft durch den Uran-Abbau Veränderungen für Ort und Tal bereithält, kann noch nicht beantwortet werden.
Aus dem Menzenschwander Hochtal führt der Feldbergweg durch den Klusenwald in das Bergmassiv und zum »Feldberger Hof«, dem ersten Gasthaus auf dem »Höchsten«; die Steine zu seinem Bau wurden aus der Ziegelei von Breitnau herangeschafft.

Die Landschaft bei Bernau und Präg

Ausruhen von einer ausgedehnten Reise, Rückschau halten – wo wäre das besser möglich, als hier oben, von wo das bereiste Land so wundervoll zu überschauen ist! Die Alpenkette lockt wie seit undenklichen Zeiten, doch nun haben erst einmal Besinnen, Erinnern und Nachdenken Vorrang!

Wieder in der Felswelt also, die von den Zeiten und – fast noch mehr – von den Menschen umgestaltet wurde.

Zurückgekehrt in die Welt einer unvergleichlichen Fauna und Flora; in eine Welt der Stürme, des Schnees und der wärmenden Sonnenstrahlen.

Zurückgekehrt in eine unheimliche und dräuende Welt, die dem einfachen Menschen Furcht einjagt und geheimnisvolle Geschichten entstehen ließ, die den Dichter zu preisenden Liedern anregt.

Hier ist die Geburtsstätte der Flüsse, die als Boten des »Höchsten« seine Befehle eilends über das Land tragen und die sich nach Erfüllen ihrer Aufgabe in den großen Strom stürzen, um sich nach langer Reise im Meer zu verlieren. Der Mächtige beherrscht das Land zu seinen Füßen. Mag der Belchen ihn auch an Schönheit übertreffen, die Herrschaft kann er dem Feldberg nicht streitig machen! Bis an die Grenze des Rheines erstreckt sich sein Machtbereich, an dessen Rändern sich schon früh Menschen niederließen und begannen, in das Land einzudringen, um es für sich nutzbar zu machen.

Immer wieder haben sich diese Menschen gegen die Widrigkeiten behauptet. Schließlich erreichten es die Bewohner des Landes zwischen Feldberg und Hochrhein jedoch, ihrer Region eine bedeutende wirtschaftliche Stellung zu verschaffen und sie zu einer der beliebtesten Ferienlandschaften Deutschlands zu entwickeln.

Mystische Stimmung
– Nebeltreiben

»Lueg ins Land«

Dieter Kohlhepp

Bei klarem Himmel reicht der Blick vom Rande des Hornbergbeckens weit ins Land hinein! Die lange Kette der Alpen mit ihren schneeglitzernden Gipfeln begrenzt prächtig den südlichen Horizont. Leicht sind einige markante Höhen ausgemacht – Säntis, Eiger, Mont Blanc. Zwischen den Alpen und dem Schwarzwald-Süddach vermittelt der Jura ohne schroffen Übergang. Von hier oben erscheint der Hochrhein nicht mehr wie eine Grenze, bei tiefstehender Sonne wirkt er sogar stellenweise wie ein Silberstreifen.

Im Westen läßt sich der südliche Kamm der Vogesen nur lückenhaft ausmachen – zu hoch sind die Schwarzwaldberge im Vordergrund. Und in die Rheinebene ist der Blick ganz verwehrt. Im feinen Dunstschleier im Südwesten lassen sich Basel und Lörrach nur vermuten.

Nach Norden breitet sich die Berglandschaft des Hochschwarzwaldes aus. Die einprägsamen Profile von Belchen und Feldberg geben den Ton an. Die beträchtlichen Höhenunterschiede zwischen den tiefeingeschnittenen Talsohlen von Wiese, Wehra, Murg und Alb und den Bergkämmen treten von oben kaum in Erscheinung. Der Hotzenwald mutet lieblich an, bietet ein harmonisches Bild. Auch wenn man nicht in die-

Sonnenstrahlen im Bannwald

ser Gegend auf die Welt kam: Relief und Weite der Landschaft prägen sich schnell ein. Ein Gefühl von Freiheit kommt auf. Und *Freiheit* hatte hier auch früher schon einen besonderen Klang. Im 14. bzw. im 18. Jahrhundert versuchten die Hauensteiner und die »Salpeterer« ihre alten Freiheiten, die ihnen ursprünglich als Rodungsbauern von den Fürsten zuerkannt worden waren, zurückzugewinnen. J. Bader schreibt 1833: »Der Hergang der Geschichte zeigt, daß St. Blasien und Österreich als geistliche und weltliche Obrigkeit teils durch Herrsch- und Habsucht, teils durch übelverstandene Maßregeln den ganzen Übelstand veranlaßt und genährt haben; wäre das Waldvolk mächtiger gewesen, so hätte es sich wahrscheinlich von dem Joche St. Blasiens freigemacht (...) und die Väter dieser verachteten und verspotteten Salpeterer stünden nun in einem historischen Glanze da.«

Moderne Technik erlaubt es, sich wenigstens zeitweilig aus der »Erdgebundenheit« zu lösen. Das unmittelbarste Flugerlebnis bieten die Drachenfluggeräte mit ihren Startplätzen z. B. am Belchen und in Bernau. Etwas unheimlich mag man sich beim rasanten Windenstart mit Segelflugzeugen fühlen, beispielsweise in Hütten. Von oben aus der Vogelperspektive ist der Unterschied zwischen Wäldern, Wiesen und Heckenlandschaften einerseits und den vielen Siedlungen, Fabrikanlagen, hochmodernen KKW's (in der Schweiz), Überlandleitungen, Straßen und Autobahnen besonders augenfällig. Das geometrische Betonoval des Pumpspeicherbeckens auf dem 1034 m hohen Langeck bei Hornberg mit seinen 700 m Durchmesser inmitten von Wiesen und Wäldern symbolisiert geradezu diesen Kontrast. Und man kann ein Schaudern kaum unterdrücken, wenn man bedenkt, daß hier belastetes Rheinwasser in den Schwarzwald hochgepumpt wird – um Energie zu speichern!

Die Anlage ist sicher ein Beweis des Könnens von Ingenieuren und es wäre falsch, den technischen Fortschritt überhaupt zu verteufeln, wenn gewährleistet ist, daß Umweltverträglichkeit, historisch gewachsene Zusammenhänge, menschliches Maß und Überschaubarkeit berücksichtigt werden.

Verantwortungsbewußtsein kann jedoch in unserer Zeit auch bedeuten, technisches Wissen und Können u. U. nicht einzusetzen! Die bedeutende Ballung von chemischer Industrie am Hochrhein ist kaum zu übersehen. Allerdings hat seit dem Bekanntwerden der Gefährlichkeit der Karsauer Deponie und der Rheinvergiftung durch den Basler Chemieunfall 1986 ein Umdenken eingesetzt, das konsequent weiterzuentwickeln ist.

Stauseen können das Bild einer Landschaft bereichern. Es gilt aber, *vor* ihrem Bau nach dem volkswirtschaftlichen Nutzen *und* den ökologischen Folgen zu fragen. In Erinnerung sind noch die Auseinandersetzungen um die Erhaltung der Wutachschlucht, aus denen man gelernt haben sollte. Die Wutachschlucht wurde gerettet. Die Energiewirtschaft suchte nach anderen Objekten. Erneuten Streit gab es um den Bau eines Pumpspeichersees in Lindau bei Ibach. Ein Plan sieht die Überflutung des Schwarzenbachtales vor. Dies soll durch einen 85 m hohen Staudamm an der »Gletschermühle« am Woog-Gumpen (Wasserfall) erreicht werden. Das Naturdenkmal soll nun durch Versetzen erhalten werden, ein Unterfangen, das rein technisch gesehen zwar kein Problem darstellt. Aber eine Frage des empfindsamen Naturverständnisses vor einem solch lieblichen Tälchen bleibt es allemal. Der neu entstehende künstliche See von 300 ha Fläche und einem Fassungsvermögen von ca. 64 Mio m³ – etwa ⅔ des Schluchsees – könnte zwar in begrenztem Umfang für den Wassersport geeignet sein. Der ständig variierende Wasserspiegel würde ihn jedoch völlig ungeeignet für die Entwicklung eines natürlichen Biotops machen. Die Initiative »Bürger für die Erhaltung des Lindauer Tals« und andere belegen mit wissenschaftlichen Argumenten, daß das Projekt ein energetisches Verlustgeschäft und volkswirtschaftlich nicht vertretbar wäre. Noch schwerwiegender aber ist es, daß äußerst selten gewordene, unersetzliche Lebensräume »untertauchen« würden – unter anderem die wunderbaren »Möser«.

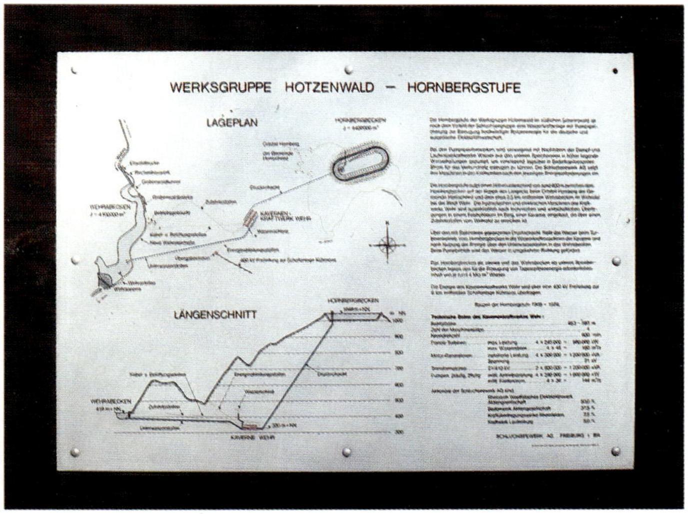

Erläuterungstafel am Hornbergbecken

Hornbergbecken, Höhe 1034 m, Südschwarzwald (freigegeben vom Regierungspräsidium Freiburg am 14. Mai 1986 unter Nr. P-23621)

Stille Winkel, keine Menschenseele! Oder doch? Geräusch von Motorsägen in der Nähe. Mitten im Moor ein Jägerhochsitz. Tier- und Pflanzenwelt sind nicht außergewöhnlich artenreich, aber es gibt sehr bemerkenswerte »Spezialisten«, die es im Laufe vieler Jahrtausende schafften, sich an die extremen Lebensbedingungen im Moor anzupassen: Fehlen von Nährstoffen, Nässe, niedrige Temperaturen, relativ hoher Säuregrad. Ein besonders attraktives Beispiel ist der Sonnentau, die kleine »fleischfressende« Pflanze. Er versucht den Mangel an stickstoffhaltigem Nährsalz durch Fang und Verdauung von kleinen Insekten auszugleichen. Ist somit die Grenze zwischen Pflanze und Tier überschritten? Nein – natürlich nicht! Es ist etwas ganz normales, daß Pflanzen Drüsen besitzen und Säfte mit den unterschiedlichsten Funktionen erzeugen: Nektar zum Anlocken von Tieren zwecks Fremdbestäubung, Harz zum Wundverschluß, Milchsaft zur Imprägnierung, Brennsaft zur Verteidigung. Erstaunlich, daß der Sonnentau in solchen Mösern nicht nur in einzelnen Exemplaren vorkommt, an manchen Stellen erscheint der moorige Untergrund geradezu übersät von ihm. Das merkt man aber erst bei genauem Hinschauen. Man muß sich einsehen, einfühlen. Im Gegenlicht glitzern die Sekrettröpfchen, die ganze Schönheit offenbart sich. Neben dem Sonnentau entdeckt man die zarte, zerbrechlich wirkende Moosbeere. Einzelne winzige rosa Blüten an hauchdünnen Stengeln, die später erstaunlich große Beeren tragen. Die dominierende Pflanze aber ist das Torfmoos. Eine Handvoll davon wiegt in ausgetrocknetem Zustand wenige Gramm, mit Wasser vollgesogen aber leicht das Zehnfache. Torfmoos und Moor sind hervorragende natürliche Wasserspeicher.

◁
Hochmoore –
Zeugen schwindender
Lebensräume

Hangmoor im Herbst (Brunnmättlemoos)

Barfuß über solche Torfmoos-Teppiche zu laufen, weckt eigenartige Empfindungen. Sehr weich, nachfedernd, auf erhöhten, trockenen Stellen warm, an feuchten eiskalt; bei jedem Schritt schwappt Wasser. Wird der Untergrund halten, wie tief mag man einsinken? Kann es gar gefährlich werden, wie in vielen alten Moorsagen geschildert? Die Ränder der freien Moorfläche werden gesäumt von harzduftenden Spirken, das sind Moorkiefern, die trotz geringer Höhe schon uralt sein können, da sie außerordentlich langsam wachsen.

Das Erlebnis »Moor« muß den meisten Mitmenschen heute leider versagt bleiben. Zu wenig Moore gibt es noch, in Deutschland sind fast alle schon trokkengelegt, ausgebeutet, umgewandelt – »nutzbar« gemacht. Einige wenige sind Naturschutzgebiete (z. B. das Brunnmättlemoos – ein schöner Name!) und in ihnen dürfen die markierten, festen Wege nicht verlassen werden. Bedauerlich, oder nicht? – Wir haben einen legitimen Anspruch auf die Natur zu unserer Erholung, zur Regenerierung unserer Kräfte. Also hinaus in die Natur, Joggen, Skilanglauf usw.! Damit wächst jedoch der zivilisatorische Druck auf Gebiete, die noch eine vielfältige, abwechslungsreiche Natur bieten. Ist es also erforderlich, Naturschutzgebiete zu sperren, sie möglichst wenig bekannt zu machen? Wohl kaum! Ziel sollte eigentlich sein, die heute bestehenden Naturschutzflächen wesentlich zu vergrößern und dann Teilbereiche als »Ruhezonen« bzw. »Banngebiete« (in denen alles Recht bei der Natur läge) auszuweisen.

Prachtexemplar von Fliegenpilz

Rippenfarn
(im Engelschwander Wald)

△ *Beginn einer Hochrheinautobahn*

▷ *Waldsterben am Köhlgarten*

Das Schwarzenbachtal erfüllt alle Voraussetzungen für ein solches Naturschutzgebiet. Zur Stunde muß es jedoch herhalten für den Schießplatz eines Sportvereins, für Zeltlager und für Aufschüttungen, die von Autos genutzt werden – inmitten einer Feuchtwiese! Und soll am Ende einem künstlichen See geopfert werden.

Dr. M. Staudinger (Ehrenmitglied der Unesco-Kommission) formulierte sehr treffend, daß ein Heraustreten aus der menschbezogenen Enge heutigen Wissens zur »Mitgeschöpflichkeit« führen sollte. Verlust an Natur ist als wesentlicher Mangel anzusehen und eine »Unfähigkeit zur Sympathie« gegenüber unserer belebten Umwelt darf nicht zum Merkmal unserer Zeit werden. Auch Bundespräsident von Weizsäcker formulierte im Oktober 1986: »Die Schöpfung zu bewahren ist unsere Aufgabe Nummer eins in unserer Zeit«. Anlaß für diese Worte war der Besuch einer Veranstaltung der »Initiative Schwarzwald« gegen das »Waldsterben«. – In der Tat bieten die Wälder, vor allem in den höheren Lagen, inzwischen einen so trostlosen Anblick, daß dieser größte Aktivität zur schnellstmöglichen Behebung der bekannten Ursachen auslösen müßte! Wie mag einem Förster im Belchengebiet zumute sein, der beim Antritt des Ruhestandes bekennt, daß ihm sein »Lebenswerk« in kürzester Zeit sozusagen »zwischen den Fingern zerronnen« ist!

Sicher gab es auch in früheren Zeiten »Waldprobleme«. So hat der mittelalterliche Bergbau für die Schmelzwerke Unmengen an Holz verschlungen. Alte Quellen berichten von einer Verwüstung der Wälder. Mit dem Ende des Bergbaus konnten sich jedoch die Wälder erholen, weil die Luft noch sauber und die Böden gesund waren. Dies ist heute grundsätzlich anders und außerdem handelt es sich um völlig neue Dimensionen mit Blick auf Schadstoffmengen und Umfang der betroffenen Waldflächen in aller Welt! Sicher wäre es recht utopisch, Wälder haben zu wollen, wie sie lange vor der Rodung und Besiedlung die gesamten Höhenzüge des Südschwarzwaldes bedeckten; auch ist der Wechsel von Wald- und Wiesengelände mit Buschwerk besonders reizvoll. Doch gerade einst wundervolle Baumgestalten wie die mächtigsten Weißtannen Europas in den Mischwäldern bei Fetzenbach sind schwer erkrankt und dürften wohl kaum zu retten sein. Der Anblick sollte sehr nachdenklich stimmen!

In tieferen Lagen, im anschließenden Wehratal, ändert sich das Bild, die Großartigkeit der Felslandschaft beeindruckt! Die Hänge im unteren Teil sind so steil, daß sie sich gegen eine »geregelte, ordentliche« Bewirtschaftung zu sträuben scheinen. Hier fiel es sicher leicht, die Zustimmung von Besitzern und Forstverwaltung zur Einrichtung eines »Totalreservates«, des sogenannten »Bannwaldes« auf ein Kilometer Länge, einzuholen. Der bunte Wechsel von altem und neuem Leben beeindruckt hier auf besondere Weise. Pilze und Blumen tauchen aus umgestürzten Baumriesen hervor. Flechten, Moose, Farne erobern steilste Felsrinnen. So klein dieses wertvolle Gebiet im Grunde genommen ja doch ist, so erstaun-

lich wirkt es eigentlich, daß langfristig keine Art, Tier oder Pflanze, dieser Lebensgemeinschaft »Schluchtwald« überhand nimmt und andere restlos verdrängt. Das biologische Gleichgewicht wird durch eine große Fülle von unterschiedlichen Arten, die untereinander regelrechte Netzwerke bilden, fein abgesichert. Diese scheinbar völlig ungeordneten Systeme erreichen übrigens eine größere Harmonie, als man es von allen menschlichen Einrichtungen gewohnt ist. Kinder besitzen die Empfindsamkeit, das zu fühlen und mit ihren wachen Sinnen die Natur, die ganze Welt in sich aufzunehmen; erfreulich und hoffnungsvoll zugleich, wenn sie sich diese Fähigkeit bewahren können!
Über der in der Frühlingssonne liegenden Felsenschlucht wird es plötzlich sehr lebendig. Ein Rotmilan (Gabelweihe) ist aufgekreuzt und wird sofort von einem Kolkraben angegriffen, was auf einige Rabenkrähen in der Gegend ansteckend zu wirken scheint. Es ist allerdings nicht eindeutig auszumachen, ob sie den Milan, den Raben, oder beide gleichzeitig »auf's Korn« genommen haben. Der Milan verschwindet über dem jenseitigen Schluchtrand, die Krähen vertreiben den Kolkraben. Nach einer Weile kommt jedoch der Milan zurück, diesmal aber mit Partner, sozusagen Verstärkung! Beide verjagen nun einen Bussard, der wohl schon eine Zeitlang auf einem hohen Aussichtsbaum gesessen und den heftigen »Luftkampf« beobachtet hatte. Auch der Kolkrabe und seine schwarzen Vettern sind plötzlich wieder da. Ist es gar sein Brutrevier?
Ausgangs des Winters hatte ich mich aufgemacht, die Waldgams zu beobachten. Wir waren schon öfters zufällig aufeinandergestoßen. Dabei konnte ich zu meiner Überraschung feststellen, daß Gemsen recht »neugierig« sein können. Der »Gipfel« war, als ich mit

meinem Hund (einem Collie, der mir sehr gut folgt) einen Waldspaziergang machte und plötzlich auf Gemsen traf! Ich flüsterte zu meinem Hund »Sitz!«, und wir verharrten beide regungslos. Nur die Atemluft war in der Kälte zu sehen. Wer aber nun denkt, die Gemsen würden bei der ersten Witterung fliehen, irrt! Eine Gams kam immer näher und näher, beäugte uns aus 10 m Entfernung und entfernte sich dann seelenruhig hinter einer Felsgruppe. Häufig beobachtete ich auch, daß sich Gemsen mit den Vorderläufen auf eine Erhöhung – Felsbrocken oder Baumstumpf – stellen, um einen besseren Überblick zu haben. Das kann dann »Ewigkeiten« dauern, bis dem verkrampft dastehenden Beobachter endlich ein Bein »einschläft« und er sich bewegt. Dann verziehen sich die Gemsen mit pfeifendem Schnauben, einem Warnruf. – Diesmal wollte sich jedoch keine einzige Gams blicken lassen! Plötzlich bewegte sich etwas zwischen den jungen Bäumen, vielleicht 30 m entfernt. Und nun klingt es fast nach Jägerlatein, aber es ist wahr: ein prächtiger Fuchs mit herrlich schönem, dichtem Winterfell und großem, buschigem Schwanz lief gerade auf mich zu. Jede Sekunde mußte er von mir Witterung bekommen und »türmen«! Nicht so, er kam immer näher – später stellte ich fest, daß es letztlich nur noch 6 m waren! Nun rasten schon Gedanken wie »tollwütig« durch meinen Kopf. Der Fuchs fixierte mich kurz und schnürte unter »Mißachtung« meiner Person weiter.
Reineke Fuchs hat trotz – oder gerade wegen – Tollwut und intensiver Bekämpfung (weil er ja ein »Raubtier« sei) beachtliche »Überlebensstrategien« entwickeln müssen. Die Gamsbestände und das Rehwild im Schwarzwald haben sich andererseits dank Hege und Winterfütterung recht stark vermehrt (zum Leidwesen mancher Forstökonomen). Für eine Reihe von »Kulturflüchtern« wie z. B. Auer- und Haselwild werden jedoch die Lebensräume immer weiter eingeengt, sodaß diese Tiere in eine bedrohliche Situation geraten. Es kann nicht ausbleiben, daß Naturschutz, Tourismus und Sport (neben Industrie und Straßenbau usw.) unterschiedliche Interessen vertreten. Dabei sollte es doch auch in solcher Lage Möglichkeiten geben, Wege zum Dialog und erträgliche Lösungen zu finden. Langlaufloipen müssen nicht unbedingt duch gefährdete Auerhahnreviere führen, Abfahrtspisten sollten die Erosion nicht vorantreiben, Golfplätze sind so einzurichten, daß wertvolle Biotope darunter nicht leiden. Breiten- und Spitzensport brauchen nicht auf Konfrontationskurs mit der Natur zu gehen. Zwar könnte der einzelne Sportler leicht in Gewissenskonflikte geraten: einerseits das Wissen um die Notwen-

digkeit eines konsequenten Naturschutzes, der mit manchem Verzicht verbunden ist, andererseits die positiven Erfahrungen mit körperlicher und geistiger Fitneß durch sportliche Betätigung in freier Natur, die Begeisterung beim Tiefschneefahren, beim Starkwindsurfen oder Wildwasserpaddeln. Es hilft jedoch wenig, wenn solchen Sportarten Einschränkungen auferlegt werden und gleichzeitig Großprojekte die natürlichen Lebensräume gefährden. Denken wir doch beispielsweise an die geplante Hochrheinautobahn, gegen die der Schwarzwaldverein, der Bund für Umwelt- und Naturschutz Deutschlands und andere Naturschutzverbände mit Nachdruck Stellung beziehen. Dabei geht es nicht nur um ihre fragliche ökonomische und verkehrspolitische Rechtfertigung in einer durch dichte Industrieansiedlung stark beanspruchten Gegend. Die Autobahn würde als zusätzliche Belastung in Erscheinung treten und die Landschaft zerklüften, auf Mensch und Natur erdrückend wirken.
Vielleicht wird man sich irgendwann darüber wundern, daß wir heute so an unserem Wald »hängen«, an den Feuchtwiesen, dem Auerhahn und dem Kolkraben. Auch die Vorstellung von Heimat wird sich ändern – der Mensch ist überaus anpassungsfähig. Noch ist die düstere Prophezeiung von *Heinrich Hansjakob* aus dem Jahre 1902 nicht eingetroffen, der schon damals auf die Gefahren hinwies, die aus der Überbewertung der Technik und des industriellen Fortschritts erwachsen: »Wenn's so fortgeht, kann man bald den Schwarzwald in Kahlwald umtaufen!« Seine 1913 formulierte Vorahnung bleibt jedoch heute noch aktuell: »Waldespracht in den Tannen- und Buchenwäldern ringsum, auf den Halden leuchten die Motten wie Smaragd. Und doch kann ich nicht jauchzen, wenn ich hinabsehe in diese Naturpracht ...

Denn wir leben bereits in einer verstümmelten Natur und haben für das Verlorene nichts Gleichwertiges einzusetzen. Viel hat der Mensch geleistet, erobert hat er das Land und Wasser, und schon schickt er sich an, die Luft zu beherrschen. Aber er ist ein grausamer Kämpfer, seine Unterwerfung der Natur bedeutet Vernichtung, der Lauf seines Siegeswagens verödet die Fluren und Wälder, und der Friede, den er der Natur aufzwingt, ist der Friede des Kirchhofs.«
»Lueg ins Land«: die Heimat, ihre Natur, ihre Kultur erleben, in sich aufnehmen und wirken lassen, daraus Energie schöpfen, sich mutig für ihre Erhaltung einzusetzen! Kehren wir noch einmal zurück auf einen der vielen Aussichtspunkte, den Belchen, mit seiner markanten, unverwechselbaren Silhouette. Die waldfreie Kuppe ist noch weit bis in das Frühjahr hinein schneebedeckt und glänzt weithin sichtbar (daher stammt wohl auch der keltische Name des Berges). Besonders beeindruckend sind oben am Gipfel Nebel- oder Wolkentreiben in Herbst und Winter. Oft sind die Täler von Nebel gefüllt, der plötzlich hochsteigen, den Hohkelchsattel überfluten kann. Nebelfetzen jagen durch die windzerzausten Bäume. Rot-violett leuchten verfärbte Heidelbeersträucher. Wenn die Sonne sich dem Vogesenkamm am Horizont nähert, legt sich über das Nebelmeer ein goldener Schimmer. Etwas später im Jahr sind die Höhen weiß überzogen. Eiskalter Sturm peitscht den Schnee oftmals waagrecht heran. Bizarre Schnee- und Eisgebilde entstehen an den niedrigen Bäumen, die hier ein karges Leben fristen, um das Überleben kämpfen. Man fühlt sich in eine Märchenlandschaft versetzt.

△
Waldkauz

▷
»Holzskulptur«,
Künstler »unbekannt«!

◁
Waldgams – vernofft . . . neugierig
wegen des Fotografens

Belchenstimmung

Nachwort

Viel Geschichte und viele Geschichten wären noch zu erzählen: von der Erdmannshöhle bei Hasel, einem in Millionen Jahren entstandenen Wunderreich; vom Menhir, dem alten steinernen Zeugen zwischen Nöggenschwiel und Bierbronn ... Seltsame oder auch denkwürdige Geschichten, wie die von Gersbach, auf dessen Flur die katholischen Prozessionen, die von Wehr nach Todtmoos pilgerten, keine Lieder spielen durften. Oder die vom Pechvogel Mathias Bitz, der am 4. September 1835 beim Decken des eben erst erneuerten Kirchturmes eine glühende Kohle fallen ließ und dadurch die ganze Kirche von Görwihl abbrannte.

Unsere Entdeckungsreise ließ ein allzuhäufiges Abschweifen vom vorgegebenen Weg nicht zu. So blieben denn auch interessante Orte, landschaftliche Kostbarkeiten oder bemerkenswerte Geschichten rechts und links des Wanderweges unerwähnt. Über das Leben der Leute »auf dem Wald«, die Kriegswirren oder die Salpeterer hätte ausführlicher berichtet werden können. Von den Veränderungen der Neuzeit im Schwarzwald und am Hochrhein, mit gewaltigen Umwälzungen verbunden, nicht zu reden.

Doch soll unser Bildband vor allem den verständnisvollen Leser auch dazu verleiten, eigene Entdeckungen in dem schönen Land zwischen Feldberg und Hochrhein selbst zu unternehmen. Gelingt das, so ist unser Ziel erreicht!

Horst Friedrich Vorwerk

Literatur

Arbeitsgemeinschaft Markgräflerland für Geschichte und Landeskunde (Hrsg.): Das Markgräflerland – Beiträge zu seiner Geschichte und Kultur, Heft 2/1985

Dietsche, Richard: Die industrielle Entwicklung des Wiesentales bis zum Jahre 1870 (Diss.), Schopfheim 1937

Geiges, Leif/Heimann-Schwarzweber, Annemarie: Kunstführer Markgräflerland, Mannheim 1986

Glattacker, Adolf: Alemannische Dichtung von J. P. Hebel, Selbstverlag des Malers, Lörrach-Tüllingen 1938

Hansjakob, Heinrich: Die Salpeterer, Waldshut 1866

Heimgartner, Heinz: Burgruine Rötteln, Haagen i. W.

Helm, Johannes: Kirchen und Kapellen im Markgräflerland, Müllheim 1986

Kirchenbezirk Schopfheim (Hrsg.): Kleines Kirchenbuch vom Wiesental und Oberrhein, Schopfheim 1956

Lehner, Thomas: Die Salpeterer, Berlin 1977

Liehl, Ekkehard: Der Hohe Schwarzwald, Freiburg 1980

Maritschnig, Arnold (Bearbeiter): Führer durch das Wiesental im südlichen Schwarzwald, im Selbstverlag der Wiesental-Städte, o. J.

Maus, H.: Führer zum geologisch-bergbaugeschichtlichen Wanderweg der Gemeinde Münstertal, Münstertal 1983

Meckel, Eberhard (Hrsg.): Hebels Leben in Daten und Bildern, Frankfurt/Main 1968

Müller-Ettikon, E.: Die Salpeterer, Freiburg 1979

Oberholzer, G.: Aus der Vergangenheit des Hebeldorfes Hausen im Wiesental, o. n. Angaben, Frühjahr 1984

Pohle, Karl-Heinz: Der Hotzenwald, Freiburg 1977

Schnell, Hugo: Katholische Kirchen in Todtnau, München und Zürich 1974

Schülin, Fritz (Hrsg.): Wanderführer durch das Markgräflerland, Freiburg 1971

Struve, Gustav: Geschichte der drei Volkserhebungen in Baden 1848/1849, veränderter Nachdruck der Ausgabe Bern 1849, Freiburg 1980

Wort-/Begriff-Erläuterungen

Chilspel (alem.)	Kirchenspiel
dengeln (alem.)	eine Sense mit dem Stein schärfen
Dengelegaischt (alem.)	der Geist, der unter dem Feldberg Sensen »dengelt«
Doline	trichterförmige Vertiefung der Erdoberfläche
Fron	einem Dienstherrn zu leistende Arbeit
Gletschermühle	(s. auch »Strudeltopf«): in der Eiszeit durch Mahlbewegung von Wasser, Sand und Steinen im Fels entstandenes Loch
Gumpen	tiefe Stelle in Wasserläufen, Wasserbecken
Häli, Hätteli (alem.)	Schäfchen, Zickchen
Husky	beliebter Schlittenhund
Huuse (mundartl.)	Hausen im Wiesental
Karolinger	fränkisches Herrschergeschlecht
Karyatide	weibliche Statue mit langem Gewand, die an Stelle einer Säule das Gebälk oder den Balkon eines Bauwerkes trägt
Lüre (mundartl.)	schlechte Brühe. Hebel schreibt am 10. 3. 1795: »... daß mit meinem Willen kein Tropfen (es geht um Wein) von seiner Leyerbrühe in meinen Keller kommen soll ...«
Massel	Roheisen-Barren
Menhir	vorgeschichtliche Steinsäule
Merowinger	fränkisches Königsgeschlecht
Musher	Schlittenhund-Führer
Pulka	Lastenschlitten beim Schlittenhunde-Rennen
Regal	Berg-R., Mühlen-R., wirtschaftlich nutzbares Hoheitsrecht
Trail	Rennstrecke
Schopfe (mundartl.)	Schopfheim
Strudeltopf	s. »Gletschermühle«
Woog	tiefe Stelle im Fluß, Wasserfall
Wuhr	Wehr, Wassergraben
Wuuli (alem.)	Gänse

Schwarzwald Stimmungen
137 Farbabb., 144 Seiten, DM 39,80
ISBN 3-7930-0511-9
Die einzigartigen Stimmungsbilder dieses Buches liefern Anstöße dazu, den Schwarzwald auf ganz neue Weise zu betrachten

Uriger Schwarzwald
137 Farbabb., 15 s/w Abb., 144 Seiten, DM 39,80 – ISBN 3-7930-0502-X
Hier werden Bräuche und Trachten, erhaltene Lebensformen und altes Handwerk, kurz: Authentisches und Unverfälschtes vom Schwarzwälder Alltag zusammengetragen, in Szene gesetzt und erklärt.

ROMBACH

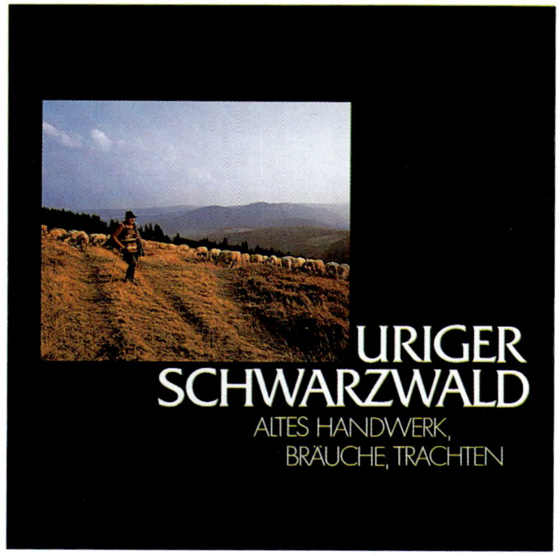

Markgräflerland
Leopold Börsig,
Martin Schulte-Kellinghaus
94 Farbabb., 55 s/w Abb., 144 Seiten, DM 39,80 – ISBN 3-7930-0510-0
Neben den bekannten historischen Stätten stellt dieser Band die zahlreichen Kleinodien vor, die dem Markgräflerland seinen ganz besonderen Reiz verleihen.

Schwarzwald Kostbarkeiten
Walter Gruber, 94 Farbabb., 144 Seiten, DM 39,80 – ISBN 3-7930-0490-2
Für die Hand des Touristen werden hier kompakt und kompetent die beliebtesten Ausflugsziele des Schwarzwaldes in Wort und Bild zusammengefaßt.

ROMBACH